JN492636

하나님 말씀과 기도로
거룩하여 짐이라
(딤전 4:5)

맥체인 성경 읽기표

5월

일차	날짜	가정		개인	
121	5/1	민 8	시44	아 6	히 6
122	2	민 9	시45	아 7	히 7
123	3	민10	시46·47	아 8	히 8
124	4	민11	시48	사 1	히 9
125	5	민12·13	시49	사 2	히10
126	6	민14	시50	사3·4	히11
127	7	민15	시51	사 5	히12
128	8	민16	시52~54	사 6	히13
129	9	민17·18	시55	사 7	약 1
130	10	민19	시56·57	사8·9:1~7	약 2
131	11	민20	시58·59	사9:8~10:4	약 3
132	12	민21	시60·61	사10:5~34	약 4
133	13	민22	시62·63	사11·12	약 5
134	14	민23	시64·65	사13	벧전1
135	15	민24	시66·67	사14	벧전2
136	16	민25	시68	사15	벧전3
137	17	민26	시69	사16	벧전4
138	18	민27	시70·71	사17·18	벧전5
139	19	민28	시72	사19·20	벧후1
140	20	민29	시73	사21	벧후2
141	21	민30	시74	사22	벧후3
142	22	민31	시75·76	사23	요일1
143	23	민32	시77	사24	요일2
144	24	민33	시78:1~37	사25	요일3
145	25	민34	시78:38~72	사26	요일4
146	26	민35	시79	사27	요일5
147	27	민36	시80	사28	요이1
148	28	신 1	시81·82	사29	요삼1
149	29	신 2	시83·84	사30	유 1
150	30	신 3	시85	사31	계 1
151	31	신 4	시86·87	사32	계 2

6월

일차	날짜	가정		개인	
152	6/1	신 5	시88	사33	계 3
153	2	신 6	시89	사34	계 4
154	3	신 7	시90	사35	계 5
155	4	신 8	시91	사36	계 6
156	5	신 9	시92·93	사37	계 7
157	6	신10	시94	사38	계 8
158	7	신11	시95·96	사39	계 9
159	8	신12	시97·98	사40	계10
160	9	신13·14	시99~101	사41	계11
161	10	신15	시102	사42	계12
162	11	신16	시103	사43	계13
163	12	신17	시104	사44	계14
164	13	신18	시105	사45	계15
165	14	신19	시106	사46	계16
166	15	신20	시107	사47	계17
167	16	신21	시108·109	사48	계18
168	17	신22	시110·111	사49	계19
169	18	신23	시112·113	사50	계20
170	19	신24	시114·115	사51	계21
171	20	신25	시116	사52	계22
172	21	신26	시117·118	사53	마 1
173	22	신27·28:1~19	시119:1~24	사54	마 2
174	23	신28:20~68	시119:25~48	사55	마 3
175	24	신29	시119:49~72	사56	마 4
176	25	신30	시119:73~96	사57	마 5
177	26	신31	시119:97~120	사58	마 6
178	27	신32	시119:121~144	사59	마 7
179	28	신33·34	시119:145~176	사60	마 8
180	29	수 1	시120~122	사61	마 9
181	30	수 2	시123~125	사62	마10

7월

일차	날짜	가정		개인	
182	7/1	수 3	시126~128	사63	마11
183	2	수 4	시129~131	사64	마12
184	3	수5·6:1~5	시132~134	사65	마13
185	4	수6:6~27	시135·136	사66	마14
186	5	수 7	시137·138	렘 1	마15
187	6	수 8	시139	렘 2	마16
188	7	수 9	시140·141	렘 3	마17
189	8	수10	시142·143	렘 4	마18
190	9	수11	시144	렘 5	마19
191	10	수12·13	시145	렘 6	마20
192	11	수14·15	시146·147	렘 7	마21
193	12	수16·17	시148	렘 8	마22
194	13	수18·19	시149·150	렘 9	마23
195	14	수20·21	행 1	렘10	마24
196	15	수22	행 2	렘11	마25
197	16	수23	행 3	렘12	마26
198	17	수24	행 4	렘13	마27
199	18	삿 1	행 5	렘14	마28
200	19	삿 2	행 6	렘15	막 1
201	20	삿 3	행 7	렘16	막 2
202	21	삿 4	행 8	렘17	막 3
203	22	삿 5	행 9	렘18	막 4
204	23	삿 6	행10	렘19	막 5
205	24	삿 7	행11	렘20	막 6
206	25	삿 8	행12	렘21	막 7
207	26	삿 9	행13	렘22	막 8
208	27	삿10·11:1~11	행14	렘23	막 9
209	28	삿11:12~40	행15	렘24	막10
210	29	삿12	행16	렘25	막11
211	30	삿13	행17	렘26	막12
212	31	삿14	행18	렘27	막13

8월

일차	날짜	가정		개인	
213	8/1	삿15	행19	렘28	막14
214	2	삿16	행20	렘29	막15
215	3	삿17	행21	렘30·31	막16
216	4	삿18	행22	렘32	시1·2
217	5	삿19	행23	렘33	시3·4
218	6	삿20	행24	렘34	시5·6
219	7	삿21	행25	렘35	시7·8
220	8	룻 1	행26	렘36·37	시 9
221	9	룻 2	행27	렘38	시10
222	10	룻3·4	행28	렘39	시11·12
223	11	삼상1	롬 1	렘40	시13·14
224	12	삼상2	롬 2	렘41	시15·16
225	13	삼상3	롬 3	렘42	시17
226	14	삼상4	롬 4	렘43	시18
227	15	삼상5·6	롬 5	렘44	시19
228	16	삼상7·8	롬 6	렘45	시20·21
229	17	삼상9	롬 7	렘46	시22
230	18	삼상10	롬 8	렘47	시23·24
231	19	삼상11	롬 9	렘48	시25
232	20	삼상12	롬10	렘49	시26·27
233	21	삼상13	롬11	렘50	시28·29
234	22	삼상14	롬12	렘51	시30
235	23	삼상15	롬13	렘52	시31
236	24	삼상16	롬14	애 1	시32
237	25	삼상17	롬15	애 2	시33
238	26	삼상18	롬16	애 3	시34
239	27	삼상19	고전1	애 4	시35
240	28	삼상20	고전2	애 5	시36
241	29	삼상21·22	고전3	겔 1	시37
242	30	삼상23	고전4	겔 2	시38
243	31	삼상24	고전5	겔 3	시39

맥체인 QT 가이드

01 사도신경 오늘의 찬양

신앙고백으로 마음을 정돈하고, 오늘의 찬양으로 마음의 준비를 하세요.

02 핵심주제

그날의 핵심주제를 기억하며 본문으로 들어갑니다.

03 본문읽기

네 본문의 소제목을 기억하면서 본문을 정독으로 읽으세요.
- 반복되는 단어, 유사한 단어, 반대되는 단어를 기억하면서...
- 나에게 주시는 동일한 핵심단어를 4책에서 찾아 기록해 보세요.

04 말씀연결

본문의 내용을 떠올리며 단어나 문장을 연결하며 다시 한번 정독으로 읽으세요.

05 말씀암송

주어진 시간안에서 말씀을 기억하세요. (괄호 채우기를 권해 드립니다.) 1년 365요절을 암송합니다.

06 말씀묵상

하나님이 나에게 주시는 말씀을 다시 한번 묵상해 보세요.

07 말씀적용

묵상을 통해 주신 말씀에 순종하며, 오늘 내가 할수 있는 일을 구체적으로 기록해 보세요.

08 감감감

감사가 사라지고 있는 이 시대.. 하루에 3가지씩 감사하는 마음을 담아 일기를 써 보세요. 그래서 감사, 그래도 감사, 무조건 감사 (하루를 돌아보며 자신의 삶을 평가하고 하나님의 마음을 닮아가도록 정리합니다.)

09 말씀기도

오늘 내게 주신 말씀에 순종 할 수 있도록 하나님께 기도를 드립니다.

▶나눔 (하브루타 토론식)◀

교회 소그룹에 활용시 (09)말씀기도 전에
『하브루타 토론식』으로 서로의 의견을 말하고 생각을 공유해 보세요.
맥체인QT집으로 묵상을 하시면
같은 말씀이라도 하나님의 주신 말씀이 다양한 방향과 방법으로
대화의 나눔의 장을 만들어 드릴것입니다.

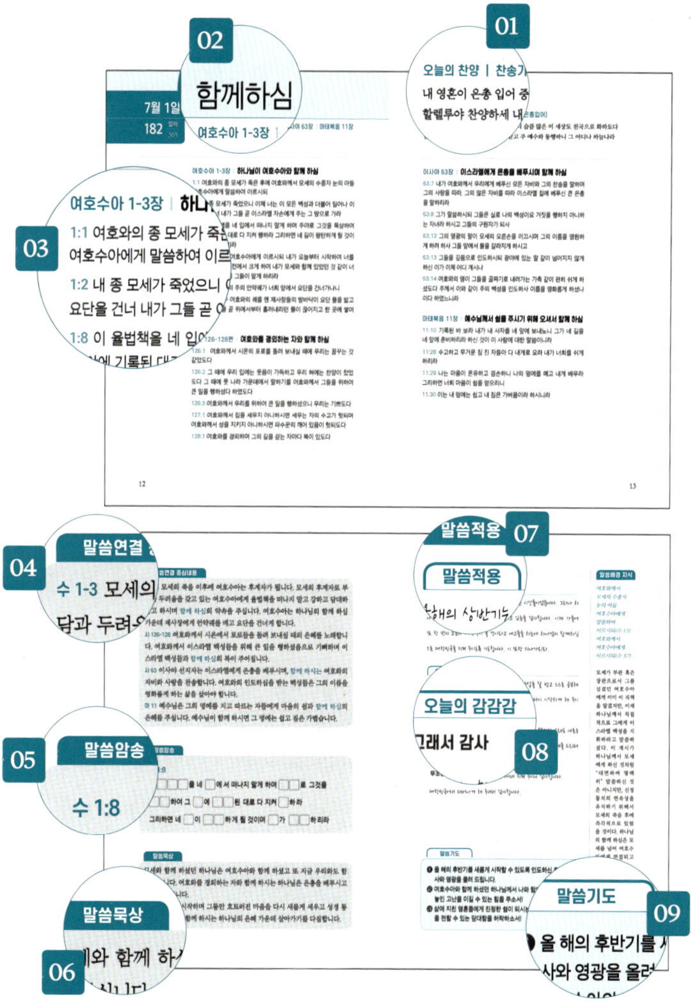

7월은 다시 시작하는 달

유동효

7월은
새해를 시작할 때의 결심을
다시 붙잡는 달

한 달 두 달 시간이 흐르며
처음의 굳은 마음은 무뎌지고
핑계만 늘어나고

새해의 결심을
또다시 내년으로
미루려고 하는 나

하지만 7월은 감사한 달
6개월을 낭비하지 않게 해주고
6개월을 일찍 시작할 수 있게 해주는 달

새해에 가졌던
올해의 소원 1위
성경 통독

모든 성경은 하나님의 감동으로 된 것으로
하나님의 사람으로 온전하게 하며
모든 선한 일을 행할 능력을 갖추게 하려 함이라

새롭게 시작하는 7월에
새롭게 시작하는 성경 통독
새롭게 시작하는 말씀의 축제

맥체인성경읽기 MQ를 출간하면서

성경은 내용을 알아가는 책이 아닙니다. 하나님의 마음을 알아가는 여행입니다.

2020년은 전혀 알지 못했던 새로운 공포를 경험하는 해입니다. 전 세계가 코로나19의 바이러스에 감염되어 수십만 명이 죽어 나가고 수백만 명이 확진자가 되었습니다. 일상생활이 마비되고 교회에서 현장예배를 드리지 못하고 인터넷으로 전환하는 초유의 사태가 벌어졌습니다.

교회에서도 그동안 생각할 수도 없었던 일들이 일어났습니다. 신천지로 인해 정통 교회마저도 동일시 되어 사람들의 기피 대상이 되어 욕을 먹게 되었습니다. 일부 방역 수칙을 지키지 못한 교회들로 인해 교회 전체가 불신을 당하게 되었습니다.

그러나 그 가운데서도 희망적인 깨달음을 얻게 되었습니다. 코로나로 인해 교회에 나가 예배에 참석할 수가 없어서 인터넷으로 예배 드리며 '그동안 너무나 당연하게 교회에서 예배드리던 일상이 놀라운 축복이었구나'라는 생각을 갖게 되었습니다. 그리고 현장 예배의 소중함을 다시금 회복하는 시간이 되었습니다.

계절은 바뀌어 봄에서 여름으로 넘어가지만 사람들의 마음은 여전히 꽁꽁 얼어붙어 있었습니다. 하지만 하나님의 섭리는 계절을 거스를 수 없었습니다. 벌써 여름의 계절 7월이 되었습니다.

7월을 맞으며 코로나 이전 1월에 가졌던 결심을 다시 한번 떠올려 봅니다. 새해 성경 통독을 다짐했던 그 마음은 어느 정도 이루어가고 있는지요? 꾸준히 통독을 이어가고 있는 사람도 있을 것이고, 여러 가지 이유로 통독을 멈춘 성도들도 있을 것입니다.

올해의 중간에 맞이한 7월! 다시 한번 성경 통독으로 달려가기를 권합니다. 성경은 어느 부분에서 시작해도 하나님의 역사하심과 은혜를 알 수 있습니다. 내용을 알아가는 책이 아니라 하나님의 마음을 알아가는 책이기 때문에 언제 어디서나 다시 시작하더라도 성령님은 우리와 늘 동행해 주십니다. 그리고 하나님의 마음을 알게 해 주십니다.

성경은 66권이라는 방대한 분량의 책으로 양에서도 쉽게 정복할 책이 아닙니다. 게다가 수천년 전의 고대근동지방의 역사 문화와 종교적인 배경지식이 없으면 이 또한 성경을 읽어나가는데 어려움이 따르게 됩니다.

그리하여 성경의 배경지식을 갖게 하고 전체적인 흐름을 알게 하는 성경 통독 방법이 많이 나왔습니다. 숲과 나무 성경 통독, 에스라 하우스 성경 통독, 통큰통독, 성경의 맥을 잡아라 등의 좋은 교재들을 보면서 성경 통독을 시도하기도 합니다. 그러나 이러한 교재들은 '성경에 대해' 알려주는 탁월한 교재들이지만 '성경을 직접 읽게' 되는 의지와 노력은 오로지 성도들에게 달린 것입니다.

그래서 "성경 일독을 포기하지 않고 끝까지 읽을 수 있는 방법이 없을까?" 이러한 고민은 성도들이라면 누구나 한번쯤 해보았을 고민입니다. 성도들을 믿음으로 잘 이끌기 위한 책임을 지고 있는 목회자들 또한 항상 하는 고민일 것입니다.

오늘날 우리와 똑같은 고민을 한 목사님이 계셨습니다. 19세기 스코틀랜드의 로버트 머리 맥체인 목사는 자신이 목회하던 스코틀랜드 성 베드로 교회의 교인들의 성경 읽기 프로그램을 만들었습니다. 그리고 20세기 대표적인 복음주의 설교자인 로이드 존스 목사님과 존 스토트 목사님이 이 맥체인 성경 읽기표를 활용해서 수십 년간 교인들과 함께 성경을 읽었습니다.

맥체인 성경 읽기는 신구약을 4부분으로 입체적으로 읽도록 구성되어 있습니다.

창세기~역대하 : 만물의 시작과 이스라엘의 시작

에스라~말라기 : 이스라엘의 멸망과 새 시대의 시작

마태복음~요한복음 : 예수의 복음 사역과 십자가 구속

사도행전~요한계시록 : 교회의 시작과 선교

이렇게 입체적으로 성경을 읽게 되면 여러 가지 장점이 있습니다.

첫째, 성경 전체를 1년 동안 통독할 수 있습니다.

모든 성경은 하나님의 감동으로 된 것이기 때문에 어느 한 부분이 더 중요하고 덜 중요한 곳이 없습니다. 성경 전체를 읽어나가는 것은 하나님의 구속사의 전체 의도를 알아가는 데 꼭 필요한 일입니다. 맥체인 성경 읽기를 따라가다 보면 구약은 한 번, 신약과 시편은 두 번 읽게 됩니다.

둘째, 성경의 네 가지 본문을 동시에 보는 안목을 기르게 됩니다.

맥체인 성경 읽기는 성경 전체를 4시대 구분으로 나누어 하루에 4장씩 읽어 나갑니다. 매일 구약에서 두 장, 신약에서 두 장을 읽는 것입니다. 이는 하나님의 구속의 역사를 네 시대로 나누어 동시에 묵상할 수 있는 탁월한 구조입니다.

셋째, 성경의 주인이 하나님이심을 알게 됩니다.

기존 성경 읽기는 역사 중심, 인물 중심으로 진행됩니다. 그래서 사람이 중심이 되는 성경 읽기가 될 수도 있습니다. 맥체인 성경 읽기는 신구약 4장을 읽으면서 공통적으로 흐르는 통일주제와 개별주제의 주인공이 하나님임을 알게 됩니다.

넷째, 어느 부분을 읽을지 고민하지 않습니다.

막상 성경을 펼쳐서 앞에서부터 읽어가다보면 레위기쯤 와서는 진도가 잘 나가지 않습니다. 그래서 뛰어넘고 다른 곳으로 가고자 하는 유혹을 받게 됩니다. 맥체인 성경 읽기는 좋은 성경 교사가 옆에서 자상하게 '오늘은 여기 읽어야죠'하고 들려주는 음성과 같습니다. 한 권을 다 읽고 또 다른 책으로 넘어가는 것이 아니라 지루하지 않게, 힘든 부분과 쉽게 이해되는 부분이 골고루 섞여 있는 종합 비타민 같은 책입니다.

다섯째, 교회의 전 성도가 어디를 읽는지 알 수 있습니다.

이 부분은 특별히 목회자들에게 특히 유용한 부분입니다. 교회 전 성도가 맥체인 성경 읽기로 성경을 읽어나가면 우리교회 성도들이 오늘 어디를 읽는지 분명히 알게 됩니다. 그래서 거기에 맞는 권면과 신앙의 조언을 해 줄 수 있고 전체 목회 그림을 그려나가는데 도움이 됩니다.

여섯째, SNS로 같은 본문의 은혜 나눔이 가능합니다.

교회마다 리더들을 중심으로 연결된 다양한 SNS방들이 있습니다. 기존의 은혜 나눔방들은 각자 자신이 읽은 본문으로 은혜를 나누기 때문에 성경 본문을 같이 묵상하지 않고 표면적인 은혜 나눔만 일어날 수 있습니다. 하지만 대화방으로 연결된 성도들끼리 오늘 분량의 매체인 성경 읽기 본문을 가지고 묵상과 은혜를 나누게 되니 같은 본문 말씀에 입각한 나눔이 가능합니다.

일곱째, 새벽기도때 설교를 듣고 매일 읽어 나갈 수 있습니다.

전교인 새벽 기도를 맥체인 성경 읽기로 진행한다면 매년 전 성도가 성경을 일년 일독(신약, 시편 2독)하는 교회를 만들어 갈 수 있습니다. 성도들은 오늘자 맥체인 본문 설교를 듣고 그 배경지식 하에 각자 성경을 읽어나가니 더더욱 풍성한 성경 이해와 하나님 구속사의 역사를 체험할 수 있습니다.

맥체인 성경읽기에 실패하지 않으려면?

영혼의 양식이요 영적 성숙의 원천이 되는 성경, 누구나 많이 읽고, 깊이 묵상하기를 원합니다. 하지만 막상 성경 통독을 시작하려고 해도 쉽지 않고, 끝내기는 더욱 쉽지 않습니다. 맥체인 성경읽기를 통해 성경을 통독하고, 매일 매일의 말씀 묵상에 실패하지 않으려면, 맥체인 성경읽기표를 따라 다음과 같은 방법으로 성경을 읽으십시오.

① 매일 성경을 읽겠다는 결심을 하십시오.

② 성경을 읽는 구별된 시간을 확보하십시오.

③ 성경읽기표를 따라 매일 구별된 시간에 읽으십시오.

④ 가정예배와 교회 공동체에서 함께 성경읽기표를 따라 읽어나가면 좋습니다.

⑤ 너무 완벽하게 읽으려고 하지 마시고, 먼저 성경을 읽는다는 자체에 우선하십시오.

⑥ 빠뜨린 날이 있더라도 오늘 내가 읽어야 할 날짜의 읽기에 집중하십시오.

⑦ 빠뜨린 부분이 있더라도 집착하거나 포기하지 마시고 오늘 날짜부터 다시 시작하십시오.

7월, 올해의 후반기를 향해 다시 한번 새롭게 달려가야 할 시간입니다. 모쪼록 한국교회의 성도님들께서 맥체인 성경 읽기를 통해 구속사의 주인이신 하나님을 매일 만나는 은혜의 경험을 하여 신앙의 성숙이 일어나시기를 간절히 기도드립니다.

"또 어려서부터 성경을 알았나니 성경은 능히 너로 하여금 그리스도 예수 안에 있는 믿음으로 말미암아 구원에 이르는 지혜가 있게 하느니라. 모든 성경은 하나님의 감동으로 된 것으로 교훈과 책망과 바르게 함과 의로 교육하기에 유익하니 이는 하나님의 사람으로 온전하게 하며 모든 선한 일을 행할 능력을 갖추게 하려 함이라."(딤후 3:15-17)

7월 1일

182 일차 365

함께하심

여호수아 1-3장 | 시편 126-128편 | 이사야 63장 | 마태복음 11장

여호수아 1-3장 | 하나님이 여호수아와 함께 하심

1:1 여호와의 종 모세가 죽은 후에 여호와께서 모세의 수종자 눈의 아들 여호수아에게 말씀하여 이르시되

1:2 내 종 모세가 죽었으니 이제 너는 이 모든 백성과 더불어 일어나 이 요단을 건너 내가 그들 곧 이스라엘 자손에게 주는 그 땅으로 가라

1:8 이 율법책을 네 입에서 떠나지 말게 하며 주야로 그것을 묵상하여 그 안에 기록된 대로 다 지켜 행하라 그리하면 네 길이 평탄하게 될 것이며 네가 형통하리라

3:7 여호와께서 여호수아에게 이르시되 내가 오늘부터 시작하여 너를 온 이스라엘의 목전에서 크게 하여 내가 모세와 함께 있었던 것 같이 너와 함께 있는 것을 그들이 알게 하리라

3:11 보라 온 땅의 주의 언약궤가 너희 앞에서 요단을 건너가나니

3:13 온 땅의 주 여호와의 궤를 멘 제사장들의 발바닥이 요단 물을 밟고 멈추면 요단 물 곧 위에서부터 흘러내리던 물이 끊어지고 한 곳에 쌓여 서리라

시편 126-128편 | 여호와를 경외하는 자와 함께 하심

126:1 여호와께서 시온의 포로를 돌려 보내실 때에 우리는 꿈꾸는 것 같았도다

126:2 그 때에 우리 입에는 웃음이 가득하고 우리 혀에는 찬양이 찼었도다 그 때에 뭇 나라 가운데에서 말하기를 여호와께서 그들을 위하여 큰 일을 행하셨다 하였도다

126:3 여호와께서 우리를 위하여 큰 일을 행하셨으니 우리는 기쁘도다

127:1 여호와께서 집을 세우지 아니하시면 세우는 자의 수고가 헛되며 여호와께서 성을 지키지 아니하시면 파수꾼의 깨어 있음이 헛되도다

128:1 여호와를 경외하며 그의 길을 걷는 자마다 복이 있도다

오늘의 찬양 | 찬송가 438장 (내 영혼이 은총입어)

내 영혼이 은총 입어 중한 죄 짐 벗고 보니 슬픔 많은 이 세상도 천국으로 화하도다
할렐루야 찬양하세 내 모든 죄 사함 받고 주 예수와 동행하니 그 어디나 하늘나라

이사야 63장 | 이스라엘에게 은총을 베푸시며 함께 하심

63:7 내가 여호와께서 우리에게 베푸신 모든 자비와 그의 찬송을 말하며 그의 사랑을 따라, 그의 많은 자비를 따라 이스라엘 집에 베푸신 큰 은총을 말하리라

63:8 그가 말씀하시되 그들은 실로 나의 백성이요 거짓을 행하지 아니하는 자녀라 하시고 그들의 구원자가 되사

63:12 그의 영광의 팔이 모세의 오른손을 이끄시며 그의 이름을 영원하게 하려 하사 그들 앞에서 물을 갈라지게 하시고

63:13 그들을 깊음으로 인도하시되 광야에 있는 말 같이 넘어지지 않게 하신 이가 이제 어디 계시냐

63:14 여호와의 영이 그들을 골짜기로 내려가는 가축 같이 편히 쉬게 하셨도다 주께서 이와 같이 주의 백성을 인도하사 이름을 영화롭게 하셨나이다 하였느니라

마태복음 11장 | 예수님께서 쉼을 주시기 위해 오셔서 함께 하심

11:10 기록된 바 보라 내가 내 사자를 네 앞에 보내노니 그가 네 길을 네 앞에 준비하리라 하신 것이 이 사람에 대한 말씀이니라

11:28 수고하고 무거운 짐 진 자들아 다 내게로 오라 내가 너희를 쉬게 하리라

11:29 나는 마음이 온유하고 겸손하니 나의 멍에를 메고 내게 배우라 그리하면 너희 마음이 쉼을 얻으리니

11:30 이는 내 멍에는 쉽고 내 짐은 가벼움이라 하시니라

말씀연결 중심내용

수 1-3 모세의 죽음 이후에 여호수아는 후계자가 됩니다. 모세의 후계자로 부담과 두려움을 갖고 있는 여호수아에게 율법책을 떠나지 말고 강하고 담대하라고 하시며 함께 하심의 약속을 주십니다. 여호수아는 하나님의 함께 하심 가운데 제사장에게 언약궤를 메고 요단을 건너게 합니다.

시 126-128 여호와께서 시온에서 포로들을 돌려 보내실 때의 은혜를 노래합니다. 여호와께서 이스라엘 백성들을 위해 큰 일을 행하셨음으로 기뻐하며 이스라엘 백성들과 함께 하심의 복이 주어집니다.

사 63 이사야 선지자는 이스라엘에게 은총을 베푸시며, 함께 하시는 여호와의 자비와 사랑을 찬송합니다. 여호와의 인도하심을 받는 백성들은 그의 이름을 영화롭게 하는 삶을 살아야 합니다.

마 11 예수님은 그의 멍에를 지고 따르는 자들에게 마음의 쉼과 함께 하심의 은혜를 주십니다. 예수님이 함께 하시면 그 멍에는 쉽고 짐은 가볍습니다.

말씀암송

수 1:8

이 ☐☐☐을 네 ☐에서 떠나지 말게 하며 ☐☐로 그것을

☐☐하여 그 ☐에 ☐☐된 대로 다 지켜 ☐하라

그리하면 네 ☐이 ☐☐하게 될 것이며 ☐가 ☐☐하리라

말씀묵상

모세와 함께 하셨던 하나님은 여호수아와 함께 하셨고 또 지금 우리와도 함께 하십니다. 여호와를 경외하는 자와 함께 하시는 하나님은 은총을 베푸시고 안식을 주십니다.

새롭게 7월을 시작하며 그동안 흐트러진 마음을 다시 새롭게 세우고 성경 통독을 통해 나와 함께 하시는 하나님의 은혜 가운데 살아가기를 다짐합니다.

말씀적용 오늘의 감사

말씀적용

올해의 상반기는 코로나로 인해 사업도 직장도 힘든 시간들이었습니다. 그러나 하나님의 함께 하심으로 코로나를 잘 이겨내고 있음을 감사합니다. 이제 가을에 또 한 번의 코로나 대유행이 올 것이라고 예고들을 하는데 하나님의 함께하심으로 대한민국을 지켜 주시도록 기도합니다. 이 또한 지나가리라.

오늘의 감감감

그래서 감사 아이가 집에서 혼자 인터넷 수업을 잘 받고 스스로 공부해 나가니 감사합니다. 올해 초에 결심했던 성경통독을 다시 시작하게 해 주시니 감사합니다.

그래도 감사 코로나의 상황 속에서 손해를 보기는 했지만 그래도 새로운 사업을 열고 다시 시작하게 해 주시니 감사합니다. 인터넷으로 예배를 드리며 현장예배의 소중함과 첫사랑을 회복하게 해 주셔서 감사합니다.

무조건 감사 우리 가족을 코로나에서 지켜 주시니 감사합니다. 대한민국에서 태어나게 해 주셔서 감사합니다.

말씀기도

❶ 올 해의 후반기를 새롭게 시작할 수 있도록 인도하신 주님께 감사와 영광을 올려 드립니다.
❷ 여호수아와 함께 하셨던 하나님께서 나와 함께 하시사 내 앞에 놓인 고난을 이길 수 있는 힘을 주소서!
❸ 삶에 지친 영혼들에게 진정한 쉼이 되시는 예수님의 함께하심을 전할 수 있는 담대함을 허락하소서!

말씀배경 지식

*여호와께서
모세의 수종자
눈의 아들
여호수아에게
말씀하여
이르시되(수 1:1)
여호와께서
여호수아에게
이르시되(수 3:7)*

모세가 부관 혹은 장관으로서 그를 섬겼던 여호수아에게 이미 이 직책을 맡겼지만, 이제 하나님께서 직접적으로 그에게 이스라엘 백성을 지휘하라고 말씀하셨다. 이 계시가 하나님께서 모세에게 하신 것처럼 "대면하여 명백히" 말씀하신 것은 아니지만, 신정통치의 연속성을 유지하기 위해서 모세의 죽음 후에 즉각적으로 있었을 것이다. 하나님의 함께 하심은 모세를 넘어 여호수아에게 연결되고 있다.

7월 2일 하나님의 백성

183 일차 / 365

여호수아 4장 | 시편 129-131편 | 이사야 64장 | 마태복음 12장

여호수아 4장 | 요단을 건너는 하나님의 백성

4:1 그 모든 백성이 요단을 건너가기를 마치매 여호와께서 여호수아에게 말씀하여 이르시되

4:3 그들에게 명령하여 이르기를 요단 가운데 제사장들의 발이 굳게 선 그 곳에서 돌 열둘을 택하여 그것을 가져다가 오늘밤 너희가 유숙할 그 곳에 두게 하라 하시니라

4:7 그들에게 이르기를 요단 물이 여호와의 언약궤 앞에서 끊어졌나니 곧 언약궤가 요단을 건널 때에 요단 물이 끊어졌으므로 이 돌들이 이스라엘 자손에게 영원히 기념이 되리라 하라 하니라

4:8 이스라엘 자손들이 여호수아가 명령한 대로 행하되 여호와께서 여호수아에게 이르신 대로 이스라엘 자손들의 지파의 수를 따라 요단 가운데에서 돌 열둘을 택하여 자기들이 유숙할 곳으로 가져다가 거기에 두었더라

4:9 여호수아가 또 요단 가운데 곧 언약궤를 멘 제사장들의 발이 선 곳에 돌 열둘을 세웠더니 오늘까지 거기에 있더라

시편 129-131편 | 여호와를 바라는 하나님의 백성

130:7 이스라엘아 여호와를 바랄지어다 여호와께서는 인자하심과 풍성한 속량이 있음이라

130:8 그가 이스라엘을 그의 모든 죄악에서 속량하시리로다

131:1 여호와여 내 마음이 교만하지 아니하고 내 눈이 오만하지 아니하오며 내가 큰 일과 감당하지 못할 놀라운 일을 하려고 힘쓰지 아니하나이다

131:2 실로 내가 내 영혼으로 고요하고 평온하게 하기를 젖 뗀 아이가 그의 어머니 품에 있음 같게 하였나니 내 영혼이 젖 뗀 아이와 같도다

131:3 이스라엘아 지금부터 영원까지 여호와를 바랄지어다

오늘의 찬양 | 찬송가 302장 (내 주 하나님 넓고 큰 은혜는)

내 주 하나님 넓고 큰 은혜는 저 큰 바다보다 깊다 너 곧 닻줄을 끌러 깊은데로 저 한 가운데
가보라 언덕을 떠나서 창파에 배 띄워 내 주 예수 은혜의 바다로 네 맘껏 저어가라

이사야 64장 | 여호와의 긍휼을 구하는 하나님의 백성

64:5 주께서 기쁘게 공의를 행하는 자와 주의 길에서 주를 기억하는 자를
선대하시거늘 우리가 범죄하므로 주께서 진노하셨사오며 이 현상이 이미
오래 되었사오니 우리가 어찌 구원을 얻을 수 있으리이까

64:6 무릇 우리는 다 부정한 자 같아서 우리의 의는 다 더러운 옷 같으며
우리는 다 잎사귀 같이 시들므로 우리의 죄악이 바람 같이 우리를 몰아가
나이다

64:8 그러나 여호와여, 이제 주는 우리 아버지시니이다 우리는 진흙이요
주는 토기장이시니 우리는 다 주의 손으로 지으신 것이니이다

64:9 여호와여, 너무 분노하지 마시오며 죄악을 영원히 기억하지 마시옵
소서 구하오니 보시옵소서 보시옵소서 우리는 다 주의 백성이니이다

마태복음 12장 | 양보다 귀한 하나님의 백성

12:10 한쪽 손 마른 사람이 있는지라 사람들이 예수를 고발하려 하여
물어 이르되 안식일에 병 고치는 것이 옳으니이까

12:11 예수께서 이르시되 너희 중에 어떤 사람이 양 한 마리가 있어 안
식일에 구덩이에 빠졌으면 끌어내지 않겠느냐

12:12 사람이 양보다 얼마나 더 귀하냐 그러므로 안식일에 선을 행하는
것이 옳으니라 하시고

말씀연결 중심내용

수 4 하나님의 백성인 이스라엘인들은 모세가 홍해물을 갈랐던 경험을 다시 하게 됩니다. 이번에는 여호수아의 인도로 나아갑니다. 요단물이 언약궤 앞에서 끊어졌으므로 **하나님의 백성들은** 요단물을 건너게 됩니다.

시 129-131 시편에서는 인자하시고 죄를 사하시는 여호와 하나님을 바라는 이스라엘인들의 마음을 설명하고 있습니다. **하나님의 백성들은** 젖 뗀 아이가 어머니 품에 있음 같이 여호와를 바랍니다.

사 64 이사야 선지자는 회개를 통해 여호와의 인자와 사랑을 구하도록 명령합니다. 주는 토기장이시고 **하나님의 백성들은** 진흙이니 주님의 절대주권을 인정하고 죄사함과 회복을 간구합니다.

마 12 예수님은 안식일에도 병을 고치시며 사람의 소중함을 가르치셨습니다. **하나님의 백성들은** 안식일보다도 양보다도 더 소중한 주님의 자녀들입니다.

말씀암송

마 12:12

☐☐이 ☐보다 얼마나 더 ☐하냐 그러므로 ☐☐☐에

☐을 행하는 것이 ☐☐☐☐ 하시고

말씀묵상

요단을 건너는 하나님의 백성들은 여호와의 인자하심과 긍휼을 바라고 있습니다. 사람이 양보다 귀하고 안식일보다도 귀하기에 진흙된 우리를 빚으시는 토기장이이신 하나님의 백성으로 순종하며 살아가기를 다짐합니다.

말씀적용 오늘의 감사

말씀적용

오늘의 감감감

그래서 감사

그래도 감사

무조건 감사

말씀기도

❶ 홍해도 건너게 하시고, 요단강도 건너게 하시며, 안식일에도 병을 고쳐 주시는 하나님의 백성에 대한 사랑에 감사와 영광을 올려 드립니다.
❷ 저로 하여금 죄악을 멀리하고 회개함으로 성결한 주님의 백성 되게 하옵소서.
❸ 안식일보다도, 양보다도 더 소중한 하나님 백성의 자존감으로 살게 하옵소서!

말씀배경 지식

요단 가운데에서 돌 열둘을 택하여... 돌 열둘을 세웠더니 (수 4:8-9)

돌 무더기는 온 이스라엘 백성이 약속의 땅으로 돌아오도록 인도하신 하나님의 능력과 신실하심을 증언해 줄 것이다. 구약성경에 따르면 신의 현현, 맹세나 계약, 초자연적 사건, 심지어 친척이나 지파들을 기념하기 위하여 기념비로 한 개의 입석이나 돌무덤 등이 사용되곤 했었다.
돌 스물 네게(열둘은 이스라엘 백성들이 유숙한 곳에, 나머지 열둘은 제사장이 섰던 요단강 안에 있었다)는 12지파 모두가 광야에 있었고, 즉시 가나안으로 들어온 사실을 증언해 준다.

7월 3일 하나님의 나라

184 일차 365

여호수아 5-6장 5절 | 시편 132-134편 | 이사야 65장 | 마태복음 13장

여호수아 5-6장 5절 | 할례를 통해 다시 세우신 하나님의 나라의 백성

5:2 그 때에 여호와께서 여호수아에게 이르시되 너는 부싯돌로 칼을 만
들어 이스라엘 자손들에게 다시 할례를 행하라 하시매

5:3 여호수아가 부싯돌로 칼을 만들어 할례 산에서 이스라엘 자손들에
게 할례를 행하니라

5:4 여호수아가 할례를 시행한 까닭은 이것이니 애굽에서 나온 모든 백
성 중 남자 곧 모든 군사는 애굽에서 나온 후 광야 길에서 죽었는데

5:5 그 나온 백성은 다 할례를 받았으나 다만 애굽에서 나온 후 광야 길
에서 난 자는 할례를 받지 못하였음이라

시편 132-134편 | 하나님 나라의 모형 시온

132:11 여호와께서 다윗에게 성실히 맹세하셨으니 변하지 아니하실
지라 이르시기를 네 몸의 소생을 네 왕위에 둘지라

132:12 네 자손이 내 언약과 그들에게 교훈하는 내 증거를 지킬진대 그
들의 후손도 영원히 네 왕위에 앉으리라 하셨도다

132:13 여호와께서 시온을 택하시고 자기 거처를 삼고자 하여 이르시
기를

132:14 이는 내가 영원히 쉴 곳이라 내가 여기 거주할 것은 이를 원하
였음이로다

134:3 천지를 지으신 여호와께서 시온에서 네게 복을 주실지어다

이사야 65장 | 약속된 하나님의 나라

65:16 이러므로 땅에서 자기를 위하여 복을 구하는 자는 진리의 하나님
을 향하여 복을 구할 것이요 땅에서 맹세하는 자는 진리의 하나님으로 맹
세하리니 이는 이전 환난이 잊어졌고 내 눈 앞에 숨겨졌음이라

65:17 보라 내가 새 하늘과 새 땅을 창조하나니 이전 것은 기억되거나 마
음에 생각나지 아니할 것이라

오늘의 찬양 | 찬송가 208장 (내 주의 나라와)

내 주의 나라와 주 계신 성전과 피 흘려 사신 교회를 늘 사랑합니다

65:18 너희는 내가 창조하는 것으로 말미암아 영원히 기뻐하며 즐거워할
지니라 보라 내가 예루살렘을 즐거운 성으로 창조하며 그 백성을 기쁨으
로 삼고

65:19 내가 예루살렘을 즐거워하며 나의 백성을 기뻐하리니 우는 소리와
부르짖는 소리가 그 가운데에서 다시는 들리지 아니할 것이며

마태복음 13장 | 비유된 하나님의 나라

13:10 제자들이 예수께 나아와 이르되 어찌하여 그들에게 비유로 말씀
하시나이까

13:11 대답하여 이르시되 천국의 비밀을 아는 것이 너희에게는 허락되
었으나 그들에게는 아니되었나니

13:12 무릇 있는 자는 받아 넉넉하게 되되 없는 자는 그 있는 것도 빼앗
기리라

13:13 그러므로 내가 그들에게 비유로 말하는 것은 그들이 보아도 보지
못하며 들어도 듣지 못하며 깨닫지 못함이니라

13:24 예수께서 그들 앞에 또 비유를 들어 이르시되 천국은 좋은 씨를
제 밭에 뿌린 사람과 같으니

13:44 천국은 마치 밭에 감추인 보화와 같으니 사람이 이를 발견한 후
숨겨 두고 기뻐하며 돌아가서 자기의 소유를 다 팔아 그 밭을 사느니라

13:45 또 천국은 마치 좋은 진주를 구하는 장사와 같으니

13:46 극히 값진 진주 하나를 발견하매 가서 자기의 소유를 다 팔아 그
진주를 사느니라

말씀연결 중심내용

수 5 출애굽 1세대들은 광야에서 다 죽었고, 출애굽 2세대들은 아직 할례를 행하지 않았습니다. 하나님은 출애굽 2세대들에게 할례를 통해 **하나님 나라**의 언약 백성으로 다시 세우십니다.

시 132-134 여호와께서 다윗에게 자손들을 영원히 왕위에 세우신다는 언약을 하십니다. 그리고 **하나님 나라**의 모형으로 시온을 택하시고 복 주실 것을 약속하셨습니다.

사 65 하나님은 새 하늘과 새 땅을 창조하며 언약 백성들을 기쁨으로 삼으십니다. 진리의 하나님은 이전의 죄악을 용서하시고 울음이 없는 새 **하나님의 나라** 예루살렘을 약속하십니다.

마 13 예수님은 비유로 **하나님 나라**의 비밀을 가르쳐 주셨습니다. 천국의 보화를 발견한 성도는 모든 댓가를 지불하더라도 하나님 나라를 내 것으로 소유해야 합니다.

말씀암송

마 13:44

☐☐은 마치 ☐에 감추인 ☐☐와 같으니 ☐☐이 이를 ☐☐한 후 숨겨 두고 ☐☐하며 돌아가서 자기의 ☐☐를 다 ☐☐ 그 ☐을 사느니라

말씀묵상

광야 1세대가 다 죽고 나서 하나님은 광야 2세대에게 할례를 행하심으로 하나님 나라의 언약 백성들을 다시 세우십니다. 하나님 나라는 우리가 영원히 거할 곳입니다. 하나님의 약속된 나라는 예수님을 통해 성취되었습니다. 이미 이 땅에 임한 하나님 나라가 내 안에서 성취되기를 소원하며 진실한 제자로 살 것을 다짐합니다.

말씀적용 오늘의 감사

말씀적용

오늘의 감감감

그래서 감사

그래도 감사

무조건 감사

말씀기도

❶ 약속하신 하나님의 나라를 예수님을 통해 성취해주신 하나님께 감사와 영광을 올려 드립니다.
❷ 언약의 하나님이 예비하신 복을 받아 누리는 기쁨이 넘치게 하소서.
❸ 천국의 비밀을 알았사오니 내 모든 것을 드려 하나님의 나라를 내 안에 임하게 하소서.

말씀배경 지식

할례의 거행
(수 5:2-5)

전쟁을 앞두고 할례를 행한다는 것은 군사력의 손실을 의미하는 무모한 행동이 될 수 있다. 그러나 여호수아는 할례의 시기를 잘 선택했다. 지금 가나안 거주민들은 여호수아와의 전쟁의 소식을 듣고 공포에 떨고 있었기 때문에 여호수아는 병사들이 할례를 행함으로 움직이지 못하여도 상관없을 정도로 여유가 있었다. 할례는 유월절 축제를 지키기 위한 필수 조건이었다.

7월 4일 기적의 하나님

185 일차 / 365

여호수아 6장 6-27절 | 시편 135-136편 | 이사야 66장 | 마태복음 14장

여호수아 6장 6-27절 | 여리고 성이 무너지는 승리의 기적을 보여 주시는 하나님

6:2 여호와께서 여호수아에게 이르시되 보라 내가 여리고와 그 왕과 용사들을 네 손에 넘겨 주
었으니

6:3 너희 모든 군사는 그 성을 둘러 성 주위를 매일 한 번씩 돌되 엿새 동안을 그리하라

6:4 제사장 일곱은 일곱 양각 나팔을 잡고 언약궤 앞에서 나아갈 것이요 일곱째 날에는 그 성을
일곱 번 돌며 그 제사장들은 나팔을 불 것이며

6:5 제사장들이 양각 나팔을 길게 불어 그 나팔 소리가 너희에게 들릴 때에는 백성은 다 큰 소
리로 외쳐 부를 것이라 그리하면 그 성벽이 무너져 내리리니 백성은 각기 앞으로 올라갈지니
라 하시매

6:20 이에 백성은 외치고 제사장들은 나팔을 불매 백성이 나팔 소리를 들을 때에 크게 소리 질
러 외치니 성벽이 무너져 내린지라 백성이 각기 앞으로 나아가 그 성에 들어가서 그 성을 점령
하고

6:21 그 성 안에 있는 모든 것을 온전히 바치되 남녀 노소와 소와 양과 나귀를 칼날로 멸하니라

시편 135-136편 | 바로에게 표적과 징조로 출애굽 시키신 기적의 하나님

135:3 여호와를 찬송하라 여호와는 선하시며 그의 이름이 아름다우니 그의 이름을 찬양하라

135:4 여호와께서 자기를 위하여 야곱 곧 이스라엘을 자기의 특별한 소유로 택하셨음이로다

135:5 내가 알거니와 여호와께서는 위대하시며 우리 주는 모든 신들보다 위대하시도다

135:6 여호와께서 그가 기뻐하시는 모든 일을 천지와 바다와 모든 깊은 데서 다 행하셨도다

135:8 그가 애굽의 처음 난 자를 사람부터 짐승까지 치셨도다

135:9 애굽이여 여호와께서 네게 행한 표적들과 징조들을 바로와 그의 모든 신하들에게 보내
셨도다

오늘의 찬양 | 주의 나라가 임할 때

주의 나라가 임할 때 하나님 임재하실 때 예배가 회복되며 기적은 일어나네 전능하신 주 영원하신 능력의 통치자 자유가 선포되어 주 백성 돌아오네 하나님 나라 임하소서 영광과 존귀 능력과 위엄 놀라운 사랑의 기적의 하나님 지금 이곳에 오소서 / 하나님 나라 임하소서 영광과 존귀 능력과 위엄 놀라운 사랑의 기적의 하나님 지금 이곳에 오소서(x2) / 주 높고 위대하심을 크게 외쳐 선포하네 만왕의 왕 주 하나님 지금 오소서(x3)

이사야 66장 | 심판 이후에 구원과 회복의 기적을 선포하시는 하나님

66:4 나 또한 유혹을 그들에게 택하여 주며 그들이 무서워하는 것을 그들에게 임하게 하리니 이는 내가 불러도 대답하는 자가 없으며 내가 말하여도 그들이 듣지 않고 오직 나의 목전에서 악을 행하며 내가 기뻐하지 아니하는 것을 택하였음이라 하시니라

66:7 시온은 진통을 하기 전에 해산하며 고통을 당하기 전에 남아를 낳았으니

66:8 이러한 일을 들은 자가 누구이며 이러한 일을 본 자가 누구이냐 나라가 어찌 하루에 생기겠으며 민족이 어찌 한 순간에 태어나겠느냐 그러나 시온은 진통하는 즉시 그 아들을 순산하였도다

66:10 예루살렘을 사랑하는 자들이여 다 그 성읍과 함께 기뻐하라 다 그 성읍과 함께 즐거워하라 그 성을 위하여 슬퍼하는 자들이여 다 그 성의 기쁨으로 말미암아 그 성과 함께 기뻐하라

마태복음 14장 | 오병이어로 긍휼과 돌보심의 기적을 보여주신 예수님

14:13 예수께서 들으시고 배를 타고 떠나사 따로 빈 들에 가시니 무리가 듣고 여러 고을로부터 걸어서 따라간지라

14:14 예수께서 나오사 큰 무리를 보시고 불쌍히 여기사 그 중에 있는 병자를 고쳐 주시니라

14:15 저녁이 되매 제자들이 나아와 이르되 이 곳은 빈 들이요 때도 이미 저물었으니 무리를 보내어 마을에 들어가 먹을 것을 사 먹게 하소서

14:19 무리를 명하여 잔디 위에 앉히시고 떡 다섯 개와 물고기 두 마리를 가지사 하늘을 우러러 축사하시고 떡을 떼어 제자들에게 주시매 제자들이 무리에게 주니

14:20 다 배불리 먹고 남은 조각을 열두 바구니에 차게 거두었으며

14:21 먹은 사람은 여자와 어린이 외에 오천 명이나 되었더라

말씀연결 중심내용

수 6 하나님은 전쟁 없이 여리고 성이 무너지는 기적을 보이셨습니다. 이스라엘 백성들은 순종하며 여리고 성을 돌고 나팔 소리로 성벽이 무너져 내리는 기적의 하나님을 체험하고 전쟁에서 승리합니다.

시 135 시편 기자는 바로로부터 이스라엘 백성을 구해내는 기적의 하나님을 찬양합니다. 애굽의 처음 난 자를 치시고 표적과 징조를 통해 위대한 하나님을 경험하게 하셨습니다.

사 66 이사야 선지자는 성전이 회복되고 구원을 이루실 하나님의 기적을 노래합니다. 진통 전에 해산의 기쁨을 주시는 하나님은 예루살렘 성읍과 함께 즐거워하게 하십니다.

마 14 오병이어 사건은 굶주린 자들을 향한 하나님의 사랑이었습니다. 오천 명이 먹고 열두바구니에 가득하는 일은 기적의 하나님의 역사하심이 아니고서는 이룰 수 없는 일입니다.

말씀암송

시 135:6

□□□께서 그가 □□하시는 □□ 일을 □□와 □□와 모든 □□ 데서 다 행하셨도다

말씀묵상

여리고 성을 무너뜨린 사건과 이스라엘 백성들의 출애굽 사건은 기적의 하나님이 아니고서는 불가능합니다. 또한 하나님은 구원과 회복의 기적을 우리에게 보여 주십니다. 하나님의 기적은 그의 백성들을 돌보시는 사랑에서 비롯됨을 알고 그 사랑에 보답하며 오늘도 살아가기를 소원합니다.

말씀적용 오늘의 감사

말씀적용

오늘의 감감감

그래서 감사

그래도 감사

무조건 감사

말씀기도

❶ 주께서 행하시는 놀라운 기적을 깨닫고 바라보며 기적의 하나님을 경배하고 찬양합니다.
❷ 믿음과 순종을 통해 여리고 성을 무너뜨린 기적이 내 삶 속에서도 이루어지게 하소서.
❸ 광야의 빈들에서도 주님을 의지하여 오병이어의 기적을 체험하게 하소서.

말씀배경 지식

예수께서 들으시고 배를 타고 떠나사 (마 14:13,14)

헤롯이 요한을 죽인 후에 이번에는 예수의 활동이 주목의 대상이 되었다. 이로써 예수의 피신이 불가피하게 되었다. 그리고 또 다른 이유가 있다면 12제자들이 선교하고 돌아온 것이었다. 그들은 군중을 떠나 잠시 휴식 기간이 필요했고, 예수께로부터 좀더 가르침을 받아야 했다.
그러나 이내 좇아온 무리들에게 둘러싸이고 오병이어의 기적을 행하시게 되었다.

7월 5일 죄를 회개하라

186 일차 365

여호수아 7장 | 시편 137-138편 | 예레미야 1장 | 마태복음 15장

여호수아 7장 | 온전히 바치지 못한 죄를 회개하라

7:1 이스라엘 자손들이 온전히 바친 물건으로 말미암아 범죄하였으니 이는 유다 지파 세라의 증손 삽디의 손자 갈미의 아들 아간이 온전히 바친 물건을 가졌음이라 여호와께서 이스라엘 자손들에게 진노하시니라

7:11 이스라엘이 범죄하여 내가 그들에게 명령한 나의 언약을 어겼으며 또한 그들이 온전히 바친 물건을 가져가고 도둑질하며 속이고 그것을 그들의 물건들 가운데에 두었느니라

7:12 그러므로 이스라엘 자손들이 그들의 원수 앞에 능히 맞서지 못하고 그 앞에서 돌아섰나니 이는 그들도 온전히 바친 것이 됨이라 그 온전히 바친 물건을 너희 중에서 멸하지 아니하면 내가 다시는 너희와 함께 있지 아니하리라

7:13 너는 일어나서 백성을 거룩하게 하여 이르기를 너희는 내일을 위하여 스스로 거룩하게 하라 이스라엘의 하나님 여호와의 말씀에 이스라엘아 너희 가운데에 온전히 바친 물건이 있나니 너희가 그 온전히 바친 물건을 너희 가운데에서 제하기까지는 네 원수들 앞에 능히 맞서지 못하리라

시편 137-138편 | 바벨론의 강 가에서 눈물의 노래로 죄를 회개하라

137:1 우리가 바벨론의 여러 강변 거기에 앉아서 시온을 기억하며 울었도다

137:2 그 중의 버드나무에 우리가 우리의 수금을 걸었나니

137:3 이는 우리를 사로잡은 자가 거기서 우리에게 노래를 청하며 우리를 황폐하게 한 자가 기쁨을 청하고 자기들을 위하여 시온의 노래 중 하나를 노래하라 함이로다

137:4 우리가 이방 땅에서 어찌 여호와의 노래를 부를까

오늘의 찬양 | 찬송가 250장 (구주의 십자가 보혈로)

구주의 십자가 보혈로 죄 씻음 받기를 원하네 내 죄를 씻으신 주 이름 찬송합시다
찬송합시다 찬송합시다 내 죄를 씻으신 주 이름 찬송합시다

예레미야 1장 | 백성들을 지켜보시는 하나님 앞에서 죄를 회개하라

1:11 여호와의 말씀이 또 내게 임하니라 이르시되 예레미야야 네가 무엇을 보느냐 하시매 내가 대답하되 내가 살구나무 가지를 보나이다

1:12 여호와께서 내게 이르시되 네가 잘 보았도다 이는 내가 내 말을 지켜 그대로 이루려 함이라 하시니라

1:13 여호와의 말씀이 다시 내게 임하니라 이르시되 네가 무엇을 보느냐 대답하되 끓는 가마를 보나이다 그 윗면이 북에서부터 기울어졌나이다 하니

1:14 여호와께서 내게 이르시되 재앙이 북방에서 일어나 이 땅의 모든 주민들에게 부어지리라

1:16 무리가 나를 버리고 다른 신들에게 분향하며 자기 손으로 만든 것들에 절하였은즉 내가 나의 심판을 그들에게 선고하여 그들의 모든 죄악을 징계하리라

마태복음 15장 | 외식하는 죄를 회개하라

15:7 외식하는 자들아 이사야가 너희에 관하여 잘 예언하였도다 일렀으되

15:8 이 백성이 입술로는 나를 공경하되 마음은 내게서 멀도다

15:9 사람의 계명으로 교훈을 삼아 가르치니 나를 헛되이 경배하는도다 하였느니라 하시고

15:10 무리를 불러 이르시되 듣고 깨달으라

15:11 입으로 들어가는 것이 사람을 더럽게 하는 것이 아니라 입에서 나오는 그것이 사람을 더럽게 하는 것이니라

말씀연결 중심내용

수 7 여리고 성에서 승리한 이스라엘이 아간의 범죄로 아이성에서 패하자 온전하지 못한 **죄를 회개**합니다. 온전하여 스스로 거룩해지지 않으면 원수들 앞에서 승리할 수 없습니다.

시 137 포로로 끌려온 이스라엘 백성들은 바벨론의 강가에서 울고 있습니다. 그들은 하나님의 선민이 이방 땅에 포로로 끌려오게 된 현실을 한탄하며 자신들의 **죄를** 눈물로 **회개**합니다.

렘 1 하나님은 예레미야로 하여금 살구나무와 끓는 가마 환상으로 백성들의 **죄를 회개**하게 하십니다. 이방 신에게 절하고 배교한 죄로 심판을 받게 되고 징계를 받게 되는 것입니다.

마 15 예수님은 외식하는 자들에게 겉으로 보여지는 거룩이 아닌 진정한 마음의 거룩을 지적해 **죄악을 회개**하게 하십니다. 입술로는 공경하나 마음은 멀어서 헛되이 경배하는 것은 더러운 마음입니다.

말씀암송

마 15:8

이 백성이 □□로는 나를 □□하되 □□은 내게서 □도다

마 15:9

사람의 □□으로 □□을 삼아 가르치니 나를 □되이 □□하는도다 하였느니라 하시고

말씀묵상

아간은 온전히 바치지 못하고 물건을 도둑질하는 죄를 저질렀고 이스라엘 백성들은 포로로 끌려 왔습니다. 배교와 외식을 했음에도 진심으로 회개하지 않는 자에게는 하나님의 은혜가 임할 수 없습니다. 하나님 보시기에 온전한 회개로 거룩한 성전을 세워가는 신실한 하나님의 백성이 되기를 소원합니다.

말씀적용 오늘의 감사

말씀적용

오늘의 감감감

그래서 감사

그래도 감사

무조건 감사

말씀기도

❶ 철저한 회개가 나를 살리고 교회를 살리는 길임을 알게 하신 성령님의 인도하심에 감사와 영광을 올립니다.
❷ 죄를 지켜 보시는 하나님의 엄중함을 늘 깨닫고 거룩하게 살아가게 하옵소서!
❸ 하나님의 물질을 훔침으로 벌을 받은 아간의 죄를 보면서 나의 온전한 물질관을 회복케 하옵소서!

말씀배경 지식

우리가 바벨론의 여러 강변 거기에 앉아서 시온을 기억하며 울었도다(시 137:1)

시인은 포로들의 탄식을 묘사하면서 열정에 북받쳐 흐느껴 울었다. 포로들은 유브라데 강변에 특별한 장소들을 갖고 있었을 것이다. 그 곳에서 그들은 자신들의 처지를 애통했을 것이다. 지배자들을 즐겁게 해주기 위해 노래 부르라는 요청을 받고, 그들은 수금을 강변에 늘어선 버드나무에 걸음으로써 대답을 대신했을 것이다. 어찌 성전 예배용의 거룩한 노래를 이방 땅에서 오락을 위해 부를 수 있겠는가.

7월 6일 인도하시는 하나님

187 일차 / 365

여호수아 8장 | 시편 139편 | 예레미야 2장 | 마태복음 16장

여호수아 8장 | 죄를 제거하고 순종할 때 다시 인도하시는 하나님

8:1 여호와께서 여호수아에게 이르시되 두려워하지 말라 놀라지 말라
군사를 다 거느리고 일어나 아이로 올라가라 보라 내가 아이 왕과 그의
백성과 그의 성읍과 그의 땅을 다 네 손에 넘겨 주었으니

8:7 너희는 매복한 곳에서 일어나 그 성읍을 점령하라 너희 하나님 여
호와께서 그 성읍을 너희 손에 주시리라

8:8 너희가 그 성읍을 취하거든 그것을 불살라 여호와의 말씀대로 행하
라 보라 내가 너희에게 명령하였느니라 하고

8:24 이스라엘이 자기들을 광야로 추격하던 모든 아이 주민을 들에서
죽이되 그들을 다 칼날에 엎드러지게 하여 진멸하기를 마치고 온 이스
라엘이 아이로 돌아와서 칼날로 죽이매

8:25 그 날에 엎드러진 아이 사람들은 남녀가 모두 만 이천 명이라

시편 139편 | 영원한 길로 인도하시는 하나님

139:7 내가 주의 영을 떠나 어디로 가며 주의 앞에서 어디로 피하리이
까

139:8 내가 하늘에 올라갈지라도 거기 계시며 스올에 내 자리를 펼지
라도 거기 계시니이다

139:9 내가 새벽 날개를 치며 바다 끝에 가서 거주할지라도

139:10 거기서도 주의 손이 나를 인도하시며 주의 오른손이 나를 붙드
시리이다

139:23 하나님이여 나를 살피사 내 마음을 아시며 나를 시험하사 내 뜻
을 아옵소서

139:24 내게 무슨 악한 행위가 있나 보시고 나를 영원한 길로 인도하소
서

오늘의 찬양 | 찬송가 380장 (나의 생명 되신 주)

나의 생명 되신 주 주님 앞에 나아 갑니다 주의 흘린 보혈로 정케하사 받아주소서
날마다 날마다 주를 찬송하겠네 주의 사랑줄로써 나를 굳게 잡아 매소서

예레미야 2장 | 하나님의 인도하심을 받지 않은 유다의 잘못

2:1 여호와의 말씀이 내게 임하니라 이르시되
2:2 가서 예루살렘의 귀에 외칠지니라 여호와께서 이와 같이 말씀하시기
를 내가 너를 위하여 네 청년 때의 인애와 네 신혼 때의 사랑을 기억하노
니 곧 씨 뿌리지 못하는 땅, 그 광야에서 나를 따랐음이니라
2:7 내가 너희를 기름진 땅에 인도하여 그것의 열매와 그것의 아름다운
것을 먹게 하였거늘 너희가 이리로 들어와서는 내 땅을 더럽히고 내 기업
을 역겨운 것으로 만들었으며
2:13 내 백성이 두 가지 악을 행하였나니 곧 그들이 생수의 근원되는 나
를 버린 것과 스스로 웅덩이를 판 것인데 그것은 그 물을 가두지 못할 터
진 웅덩이들이니라
2:19 네 악이 너를 징계하겠고 네 반역이 너를 책망할 것이라 그런즉 네
하나님 여호와를 버림과 네 속에 나를 경외함이 없는 것이 악이요 고통인
줄 알라 주 만군의 여호와의 말씀이니라

마태복음 16장 | 진정한 제자도로 인도하시는 예수님

16:1 바리새인과 사두개인들이 와서 예수를 시험하여 하늘로부터 오는
표적 보이기를 청하니
16:4 악하고 음란한 세대가 표적을 구하나 요나의 표적 밖에는 보여 줄
표적이 없느니라 하시고 그들을 떠나 가시니라
16:16 시몬 베드로가 대답하여 이르되 주는 그리스도시요 살아 계신
하나님의 아들이시니이다
16:17 예수께서 대답하여 이르시되 바요나 시몬아 네가 복이 있도다
이를 네게 알게 한 이는 혈육이 아니요 하늘에 계신 내 아버지시니라
16:24 이에 예수께서 제자들에게 이르시되 누구든지 나를 따라오려거
든 자기를 부인하고 자기 십자가를 지고 나를 따를 것이니라

말씀연결 중심내용

수 8 아간의 범죄로 인해 아이성의 첫 번째 전투에서는 실패했지만, 회개하고 온전히 순종할 때 다시 이스라엘 백성을 **인도하시는 하나님**이십니다.

시 139 하나님 앞에서 인간의 피함은 불가능합니다. 하늘에도, 스올에도, 바다 끝에도 계시며 나를 영원한 길로 **인도하시는 하나님**을 의지합니다.

렘 2 신혼 때의 사랑으로 **인도하시는 하나님**을 의지하지 아니하고 배신한 유다의 두 가지 잘못을 지적하십니다. 하나님을 버린 것과 스스로 웅덩이를 판 것입니다. 그로 인해 유다는 징계와 책망을 받게 됩니다.

마 16 바리새인과 사두개인들은 표적을 구하나 베드로는 진정한 신앙고백으로 예수님을 기쁘시게 합니다. '자기 십자가를 지고 나를 따르라'는 가르침을 통해 진정한 제자도의 삶으로 **인도하시는 예수님**의 모습은 죽음의 때가 가까이 왔음을 알게 해 주십니다.

말씀암송

렘 2:13

내 □□이 □가지 □을 행하였나니 곧 그들이 □□의

□□되는 나를 □□것과 스스로 □□□를 판 것인데

그것은 그 □을 가두지 못할 □□ □□□들이니라

말씀묵상

회개하고 나아간 아이성 두 번째 전투를 승리케 하신 하나님은 우리 인간의 죄악을 너무나 잘 알고 계십니다. 주님을 피할 수 있는 곳은 아무 데도 없습니다. 주님을 처음 만난 첫사랑을 간직하며 오늘도 인도하시는 하나님을 따라 사는 삶이 되기를 다짐합니다.

말씀적용 오늘의 감사

말씀적용

오늘의 감감감

그래서 감사

그래도 감사

무조건 감사

말씀기도

❶ 아간의 죄를 회개할 때 이스라엘 백성들을 용서하시는 하나님의 긍휼하심에 감사와 영광을 올려 드립니다.
❷ 내 속의 작은 죄라 할지라도 회개하고 고백하여 거룩한 하나님 앞에 온전히 서기를 소원합니다.
❸ 하나님이 주신 은혜의 축복 속에 안주하는 것이 아니라, 그 사랑을 감사하며 찬미의 영광으로 올려 드리는 삶을 살게 하소서.

말씀배경 지식

자기 십자가를 지고 (마 16:24)

십자가는 수난과 죽음을 가리키는 잘 알려진 비유적 표현이다. 십자가는 죄인된 인간이 자신의 영적 빈곤을 인정하고 나서, 그것이 비록 고난을 받을 수밖에 없다 할지라도 그리스도(그의 인격과 교훈)를 영접해야 하는 회심을 묘사하고 있다. 그리스도의 제자로서 따르는 위험을 기꺼이 감수하지 못하는 자는 궁극에 가서 그의 생명을 영원히 잃을 것이다.

7월 7일

188 일차 365

분별력

여호수아 9장 | 시편 140편 | 예레미야 3장 | 마태복음 17장

여호수아 9장 | 여호수아의 분별력 없는 섣부른 결정

9:3 기브온 주민들이 여호수아가 여리고와 아이에 행한 일을 듣고

9:4 꾀를 내어 사신의 모양을 꾸미되 해어진 전대와 해어지고 찢어져서 기운 가죽 포도주 부대를 나귀에 싣고

9:9 그들이 여호수아에게 대답하되 종들은 당신의 하나님 여호와의 이름으로 말미암아 심히 먼 나라에서 왔사오니 이는 우리가 그의 소문과 그가 애굽에서 행하신 모든 일을 들으며

9:15 여호수아가 곧 그들과 화친하여 그들을 살리리라는 조약을 맺고 회중 족장들이 그들에게 맹세하였더라

9:22 여호수아가 그들을 불러다가 말하여 이르되 너희가 우리 가운데에 거주하면서 어찌하여 심히 먼 곳에서 왔다고 하여 우리를 속였느냐

시편 140편 | 기도를 통해 갖게 되는 분별력

140:1 여호와여 악인에게서 나를 건지시며 포악한 자에게서 나를 보전하소서

140:4 여호와여 나를 지키사 악인의 손에 빠지지 않게 하시며 나를 보전하사 포악한 자에게서 벗어나게 하소서 그들은 나의 걸음을 밀치려 하나이다

140:6 내가 여호와께 말하기를 주는 나의 하나님이시니 여호와여 나의 간구하는 소리에 귀를 기울이소서 하였나이다

140:12 내가 알거니와 여호와는 고난 당하는 자를 변호해 주시며 궁핍한 자에게 정의를 베푸시리이다

140:13 진실로 의인들이 주의 이름에 감사하며 정직한 자들이 주의 앞에서 살리이다

오늘의 찬양 | 찬송가 430장 (주와 같이 길 가는 것)

주와 같이 길 가는 것 즐거운 일 아닌가 우리 주님 걸어가신 발자취를 밟겠네
한걸음 한걸음 주 예수와 함께 날마다 날마다 우리 걸어가리

예레미야 3장 | 배역했으나 여호와께 회개하는 이스라엘의 분별력

3:6 요시야 왕 때에 여호와께서 또 내게 이르시되 너는 배역한 이스라엘이 행한 바를 보았느냐 그가 모든 높은 산에 오르며 모든 푸른 나무 아래로 가서 거기서 행음하였도다

3:14 여호와의 말씀이니라 배역한 자식들아 돌아오라 나는 너희 남편임이라 내가 너희를 성읍에서 하나와 족속 중에서 둘을 택하여 너희를 시온으로 데려오겠고

3:15 내가 또 내 마음에 합한 목자들을 너희에게 주리니 그들이 지식과 명철로 너희를 양육하리라

3:22 배역한 자식들아 돌아오라 내가 너희의 배역함을 고치리라 하시니라 보소서 우리가 주께 왔사오니 주는 우리 하나님 여호와이심이니이다

3:23 작은 산들과 큰 산 위에서 떠드는 것은 참으로 헛된 일이라 이스라엘의 구원은 진실로 우리 하나님 여호와께 있나이다

3:25 우리는 수치 중에 눕겠고 우리의 치욕이 우리를 덮을 것이니 이는 우리와 우리 조상들이 청년의 때로부터 오늘까지 우리 하나님 여호와께 범죄하여 우리 하나님 여호와의 목소리에 순종하지 아니하였음이니이다

마태복음 17장 | 믿음이 부족함을 깨닫는 제자들의 분별력

17:1 엿새 후에 예수께서 베드로와 야고보와 그 형제 요한을 데리시고 따로 높은 산에 올라가셨더니

17:2 그들 앞에서 변형되사 그 얼굴이 해 같이 빛나며 옷이 빛과 같이 희어졌더라

17:5 말할 때에 홀연히 빛난 구름이 그들을 덮으며 구름 속에서 소리가 나서 이르시되 이는 내 사랑하는 아들이요 내 기뻐하는 자니 너희는 그의 말을 들으라 하시는지라

17:15 주여 내 아들을 불쌍히 여기소서 그가 간질로 심히 고생하여 자주 불에도 넘어지며 물에도 넘어지는지라

17:18 이에 예수께서 꾸짖으시니 귀신이 나가고 아이가 그 때부터 나으니라

17:20 이르시되 너희 믿음이 작은 까닭이니라 진실로 너희에게 이르노니 만일 너희에게 믿음이 겨자씨 한 알 만큼만 있어도 이 산을 명하여 여기서 저기로 옮겨지라 하면 옮겨질 것이요 또 너희가 못할 것이 없으리라

말씀연결 중심내용

수 9 가나안 기브온 족속이 여호수아를 속입니다. 먼 곳에서 왔다는 그들의 말만 믿고 속은 여호수아는 분별력없이 그들과 화친합니다. **분별력** 없는 섣부른 결정은 화를 자초하게 됩니다.

시 140 다윗은 자신을 죽이려는 악인과 포악한 자에게서 하나님의 보호하심을 간구합니다. 눈앞의 현상을 바라보면 좌절과 공포 속에 빠지지만 기도로 하나님의 보호하심과 정의로우심을 깨닫는 **분별력**을 가져야 합니다.

렘 3 음란과 행악으로 하나님을 배역하고 반역한 이스라엘과 유다에 대해 여호와께서는 돌아오라고 용서를 선포하십니다. 이스라엘은 **분별력**있는 회개로 진실하신 하나님께로 돌아오고 여호와의 구원을 얻게 됩니다.

마 17 제자들은 변화산에서 예수님의 변형을 통해 하나님의 아들이심을 분별하게 됩니다. 자신들은 귀신 들린 아이를 고치지 못하나 예수님께서는 하실 수 있음을 보고 자신들의 믿음 없음을 깨닫는 **분별력**을 갖게 됩니다.

말씀암송

마 17:20

이르시되 너희 □□이 □□ 까닭이니라 진실로 너희에게 이르노니 □□ 너희에게 □□이 □□씨 한 알 만큼만 있어도 이 □을 명하여 여기서 □□로 옮겨지라 하면 □□질 것이요
또 너희가 □□ 것이 없으리라

말씀묵상

분별력 없이 섣부른 결정은 고통을 가져옵니다. 설령 죄를 지었다 할지라도 회개하고 돌아오는 분별력을 갖는 것이 중요합니다. 믿음이 부족하면 의심하고 넘어지지만 기도를 통해 올바른 분별력을 갖고 하나님의 백성으로 살아가기를 다짐합니다.

말씀적용 오늘의 감사

말씀적용

오늘의 감감감

그래서 감사

그래도 감사

무조건 감사

말씀기도

❶ 죄를 지었어도 회개하고 돌아오면 용서하시는 하나님의 긍휼하심에 찬미의 경배를 올려 드립니다.

❷ 눈앞에 보이는 현상만 보고 섣부른 결정을 하지 말게 하시고 하나님의 분별력으로 세상을 이기게 하소서.

❸ 기도로 끊임없이 하나님과 소통하며 주님께 묻고 가르침 받는 믿음의 성숙이 있게 하소서.

말씀배경 지식

기브론 족속과의 화친(수 9장)

하나님의 백성이 하나님께 모든 결정을 묻지 않을 때, 믿음에 위기가 닥친다. 오늘날 크리스천들도 교활한 사기꾼의 책략을 경계하지 않으면 안된다. 기브온 족속의 사절단은 요단을 건너서 온 먼 나라 사절인 것처럼 교묘히 변장하고서 여호수아를 감쪽같이 속였다. 이스라엘 백성은 동맹을 맺기 전, 대제사장의 우림과 둠림으로써 하나님의 뜻을 묻지 않았다는 점에서 부주의한 죄를 범했다.

7월 8일 하나님의 일하심

189 일차 / 365

여호수아 10장 | 시편 142-143편 | 예레미야 4장 | 마태복음 18장

여호수아 10장 | 이스라엘을 위해 싸우시는 하나님의 일하심

10:5 아모리 족속의 다섯 왕들 곧 예루살렘 왕과 헤브론 왕과 야르뭇 왕과 라기스 왕과 에글론
왕이 함께 모여 자기들의 모든 군대를 거느리고 올라와 기브온에 대진하고 싸우니라

10:8 그 때에 여호와께서 여호수아에게 이르시되 그들을 두려워하지 말라 내가 그들을 네 손에
넘겨 주었으니 그들 중에서 한 사람도 너를 당할 자 없으리라 하신지라

10:11 그들이 이스라엘 앞에서 도망하여 벧호론의 비탈에서 내려갈 때에 여호와께서 하늘에
서 큰 우박 덩이를 아세가에 이르기까지 내리시매 그들이 죽었으니 이스라엘 자손의 칼에 죽은
자보다 우박에 죽은 자가 더 많았더라

10:40 이와 같이 여호수아가 그 온 땅 곧 산지와 네겝과 평지와 경사지와 그 모든 왕을 쳐서 하
나도 남기지 아니하고 호흡이 있는 모든 자는 다 진멸하여 바쳤으니 이스라엘의 하나님 여호와
께서 명령하신 것과 같았더라

10:42 이스라엘의 하나님 여호와께서 이스라엘을 위하여 싸우셨으므로 여호수아가 이 모든
왕들과 그들의 땅을 단번에 빼앗으니라

시편 142-143편 | 환난 가운데 하나님의 일하심을 간구하는 다윗의 기도

142:1 내가 소리 내어 여호와께 부르짖으며 소리 내어 여호와께 간구하는도다

142:5 여호와여 내가 주께 부르짖어 말하기를 주는 나의 피난처시요 살아 있는 사람들의 땅에
서 나의 분깃이시라 하였나이다

142:6 나의 부르짖음을 들으소서 나는 심히 비천하니이다 나를 핍박하는 자들에게서 나를 건
지소서 그들은 나보다 강하니이다

143:1 여호와여 내 기도를 들으시며 내 간구에 귀를 기울이시고 주의 진실과 의로 내게 응답하
소서

143:12 주의 인자하심으로 나의 원수들을 끊으시고 내 영혼을 괴롭게 하는 자를 다 멸하소서
나는 주의 종이니이다

오늘의 찬양 | 찬송가 214장 (나 주의 도움 받고자)

나 주의 도움 받고자 주 예수님께 빕니다 그 구원 허락하시사 날 받아주소서
내 모습 이대로 주 받아주소서 날 위해 돌아가신 주 날 받아주소서

예레미야 4장 | 이스라엘의 회복을 간구하시는 하나님의 일하심

4:1 여호와께서 이르시되 이스라엘아 네가 돌아오려거든 내게로 돌아오라 네가 만일 나의 목전에서 가증한 것을 버리고 네가 흔들리지 아니하며

4:2 진실과 정의와 공의로 여호와의 삶을 두고 맹세하면 나라들이 나로 말미암아 스스로 복을 빌며 나로 말미암아 자랑하리라

4:4 유다인과 예루살렘 주민들아 너희는 스스로 할례를 행하여 너희 마음 가죽을 베고 나 여호와께 속하라 그리하지 아니하면 너희 악행으로 말미암아 나의 분노가 불 같이 일어나 사르리니 그것을 끌 자가 없으리라

4:14 예루살렘아 네 마음의 악을 씻어 버리라 그리하면 구원을 얻으리라 네 악한 생각이 네 속에 얼마나 오래 머물겠느냐

4:22 내 백성은 나를 알지 못하는 어리석은 자요 지각이 없는 미련한 자식이라 악을 행하기에는 지각이 있으나 선을 행하기에는 무지하도다

마태복음 18장 | 한 영혼이라도 잃지 않으려고 하시는 하나님의 일하심

18:4 그러므로 누구든지 이 어린 아이와 같이 자기를 낮추는 사람이 천국에서 큰 자니라

18:6 누구든지 나를 믿는 이 작은 자 중 하나를 실족하게 하면 차라리 연자 맷돌이 그 목에 달려서 깊은 바다에 빠뜨려지는 것이 나으니라

18:12 너희 생각에는 어떠하냐 만일 어떤 사람이 양 백 마리가 있는데 그 중의 하나가 길을 잃었으면 그 아흔아홉 마리를 산에 두고 가서 길 잃은 양을 찾지 않겠느냐

18:13 진실로 너희에게 이르노니 만일 찾으면 길을 잃지 아니한 아흔아홉 마리보다 이것을 더 기뻐하리라

18:14 이와 같이 이 작은 자 중의 하나라도 잃는 것은 하늘에 계신 너희 아버지의 뜻이 아니니라

18:33 내가 너를 불쌍히 여김과 같이 너도 네 동료를 불쌍히 여김이 마땅하지 아니하냐 하고

말씀연결 중심내용

수10 아모리 족속의 다섯 왕들을 물리치고 계속된 전쟁에서 승리케 하시는 하나님의 일하심을 봅니다. 이스라엘 자손의 칼에 죽은 자보다 우박에 죽은 자가 더 많았다는 것은 전적으로 하나님이 개입하신 승리임을 알게 해줍니다. 이스라엘을 위하여 친히 싸우신 **하나님의 일하심**으로 인해 여호수아는 모든 왕들과 그들의 땅을 단번에 빼앗습니다.

시 142-143 다윗은 소리 내어 여호와께 부르짖으며 하나님의 일하심을 간구합니다. 피난처 되신 하나님께서 그의 기도를 들으시고 그의 간구에 귀를 기울이시사 원수들에게서 건지시리라고 믿습니다. 눈 앞에 캄캄한 일이 있을 때에도 **하나님의 일하심**을 믿고 의지하며 고난의 터널을 지나는 다윗의 믿음을 배워야 합니다.

렘 4 패역한 이스라엘에게 돌아오라고 말씀하시는 **하나님의 일하심**을 봅니다. 유다와 예루살렘이 스스로 할례를 행하고 여호와께 속하면 구원해 주실 것입니다. 그러나 예리미야 선지자는 회개하지 않는 백성들을 보며 탄식하고 여호와의 맹렬한 진노를 경고합니다.

마 18 예수님의 비유를 통해 작은 자 하나라도 잃지 않으시려는 **하나님의 일하심**을 배웁니다. 일곱 번을 일흔 번까지라도 형제를 용서하고 만 달란트의 빚이라도 불쌍히 여김으로 탕감했으니 동료를 불쌍히 여기고 사랑하라고 예수님은 가르치십니다.

말씀묵상

이스라엘보다 훨씬 많은 아모리 족속 다섯 나라를 물리치게 하시고 가는 곳마다 승리케 하신 하나님의 일하심은 다윗의 기도에도 함께 하십니다. 이스라엘이 하나님을 멀리했을 때에도 돌아오라고 불러주시며 한 영혼도 낙심치 않게 하시는 하나님의 섬세한 일하심을 봅니다. 늘 주님과 동행하며 이웃을 돌보는 자로 바로 서기를 다짐합니다.

말씀적용 오늘의 감사

말씀적용

오늘의 감감감

그래서 감사

그래도 감사

무조건 감사

말씀암송

마 18:6 누구든지 나를 [ ][ ] 이 [ ][ ] 자 중 [ ][ ]를 [ ][ ]하게 하면 차라리 연자 [ ][ ]이 그 [ ]에 달려서 깊은 [ ][ ]에 [ ][ ][ ][ ][ ] 것이 나으니라

말씀기도

❶ 아무리 많은 대적도 주님과 동행하시면 내 능력이 아니라 하나님의 일하심으로 승리할 수 있음을 알게 하신 주님께 감사와 영광을 올려 드립니다.
❷ 하나님을 의지하고 따라가며 멈추지 않는 승리를 누리게 하소서.
❸ 주 앞에서는 그 누구도 의로울 수 없음을 기억하고 진실된 회개 가운데 나아가게 하소서.

말씀배경 지식

일곱 번을 일흔 번까지 (마 18:22)

베드로는 반복되는 범죄를 어느 정도까지 용서해야 하는가를 알고 싶어했다. 아모스 1:3, 욥기 33:29,30에 근거한 랍비들의 교훈은 단 3번까지를 요구했다. 그러나 예수께서는 일곱 번을 일흔 번까지 명령하심으로 실제적인 용서의 범위를 능가하는 문제로 승화시켰다. 여기서 숫자상의 기준을 찾기보다는 오히려 주님의 끝없는 용서의 모범을 따라야 할 것을 가르친 것이다.

7월 9일 복 있는 사람들

190 일차 / 365

여호수아 11장 | 시편 144편 | 예레미야 5장 | 마태복음 19장

여호수아 11장 | 여호와께서 전쟁을 인도하시는 복 있는 사람들

11:1 하솔 왕 야빈이 이 소식을 듣고 마돈 왕 요밥과 시므론 왕과 악삽 왕과

11:4 그들이 그 모든 군대를 거느리고 나왔으니 백성이 많아 해변의 수많은 모래 같고 말과 병거도 심히 많았으며

11:6 여호와께서 여호수아에게 이르시되 그들로 말미암아 두려워하지 말라 내일 이맘때에 내가 그들을 이스라엘 앞에 넘겨 주어 몰살시키리니 너는 그들의 말 뒷발의 힘줄을 끊고 그들의 병거를 불사르라 하시니라

11:9 여호수아가 여호와께서 자기에게 명령하신 대로 행하여 그들의 말 뒷발의 힘줄을 끊고 그들의 병거를 불로 살랐더라

11:15 여호와께서 그의 종 모세에게 명령하신 것을 모세는 여호수아에게 명령하였고 여호수아는 그대로 행하여 여호와께서 모세에게 명하신 모든 것을 하나도 행하지 아니한 것이 없었더라

11:23 이와 같이 여호수아가 여호와께서 모세에게 말씀하신 대로 그 온 땅을 점령하여 이스라엘 지파의 구분에 따라 기업으로 주매 그 땅에 전쟁이 그쳤더라

시편 144편 | 여호와를 자기 하나님으로 삼는 복 있는 사람들

144:1 나의 반석이신 여호와를 찬송하리로다 그가 내 손을 가르쳐 싸우게 하시며 손가락을 가르쳐 전쟁하게 하시는도다

144:2 여호와는 나의 사랑이시요 나의 요새이시요 나의 산성이시요 나를 건지시는 이시요 나의 방패이시니 내가 그에게 피하였고 그가 내 백성을 내게 복종하게 하셨나이다

144:3 여호와여 사람이 무엇이기에 주께서 그를 알아 주시며 인생이 무엇이기에 그를 생각하시나이까

144:10 주는 왕들에게 구원을 베푸시는 자시요 그의 종 다윗을 그 해하려는 칼에서 구하시는 자시니이다

144:15 이러한 백성은 복이 있나니 여호와를 자기 하나님으로 삼는 백성은 복이 있도다

오늘의 찬양 | 찬송가 315장 (내 주 되신 주를 참 사랑하고)

내 주 되신 주를 참 사랑하고 곧 그에게 죄를 다 고합니다
큰 은혜를 주신 내 예수시니 이전보다 더욱 사랑합니다

예레미야 5장 | 징계 가운데서도 진멸을 피한 복 있는 사람들

5:1 너희는 예루살렘 거리로 빨리 다니며 그 넓은 거리에서 찾아보고 알라 너희가 만일 정의를 행하며 진리를 구하는 자를 한 사람이라도 찾으면 내가 이 성읍을 용서하리라

5:4 내가 말하기를 이 무리는 비천하고 어리석은 것뿐이라 여호와의 길, 자기 하나님의 법을 알지 못하니

5:9 여호와의 말씀이니라 내가 어찌 이 일들에 대하여 벌하지 아니하겠으며 내 마음이 이런 나라에 보복하지 않겠느냐

5:11 여호와의 말씀이니라 이스라엘의 집과 유다의 집이 내게 심히 반역하였느니라

5:18 여호와의 말씀이니라 그 때에도 내가 너희를 진멸하지는 아니하리라

마태복음 19장 | 영생을 선물로 받은 복 있는 사람들

19:16 어떤 사람이 주께 와서 이르되 선생님이여 내가 무슨 선한 일을 하여야 영생을 얻으리이까

19:21 예수께서 이르시되 네가 온전하고자 할진대 가서 네 소유를 팔아 가난한 자들에게 주라 그리하면 하늘에서 보화가 네게 있으리라 그리고 와서 나를 따르라 하시니

19:22 그 청년이 재물이 많으므로 이 말씀을 듣고 근심하며 가니라

19:24 다시 너희에게 말하노니 낙타가 바늘귀로 들어가는 것이 부자가 하나님의 나라에 들어가는 것보다 쉬우니라 하시니

19:28 예수께서 이르시되 내가 진실로 너희에게 이르노니 세상이 새롭게 되어 인자가 자기 영광의 보좌에 앉을 때에 나를 따르는 너희도 열두 보좌에 앉아 이스라엘 열두 지파를 심판하리라

19:29 또 내 이름을 위하여 집이나 형제나 자매나 1)부모나 자식이나 전토를 버린 자마다 여러 배를 받고 또 영생을 상속하리라

말씀연결 중심내용

수 11 하솔왕 야빈의 연합군이 이스라엘을 치려고 해변의 모래 같이 몰려옵니다. 그러나 여호수아는 하나님이 그들을 두려워하지 말라 하시는 말씀을 받고 메롬 물가 전투에서 승리합니다. 여호와의 인도하심이 모세에게 있었고, 모세의 명령을 여호수아는 하나도 남김없이 행하였습니다. 여호와께서 인도하시는 이스라엘 백성들은 **복 있는 사람들**입니다.

시 144 다윗은 나의 반석이시며, 나의 사랑이시요 요새이신 여호와를 찬송합니다. 헛것 같고 그림자 같은 인생이지만, 여호와를 나의 하나님으로 삼는 사람들은 **복 있는 사람들**입니다. 구원과 생명이 있기 때문입니다.

렘 5 이스라엘과 유다가 반역하여 하나님은 불로 심판하신다고 말하십니다. 하지만 그럼에도 불구하고 징계하시나 진멸하지는 않으신다고 하십니다. 이스라엘 백성들은 죄를 지었으나 진멸을 당하지는 않고 회개할 기회가 있는 **복 있는 사람들**입니다. 죄악 가운데서도 돌이키기만 하면 진멸을 거두시는 하나님을 예레미야는 선포하고 있습니다.

마 19 예수님을 찾아온 부자 청년은 하나님을 주인 삼지 않고 재물을 주인 삼았기에 근심하며 예수님을 떠났습니다. 부자는 천국에 들어가기가 어렵기 때문에 복된 인생이 아닙니다. 하지만 예수님을 따르는 제자들은 영생을 선물로 받은 **복 있는 사람들**입니다.

말씀묵상

가나안 북쪽 연합군의 모래 같이 수많은 군대 앞에서도 "두려워말라 내가 몰살시키리라" 약속하신 하나님을 섬기는 이스라엘 백성들. 그림자 같은 인생에서 여호와를 하나님으로 삼는 복에 대해 말하는 다윗. 설령 죄를 지었어도 기회를 받은 이스라엘 백성들. 영생을 선물로 받은 제자들의 삶을 보면서 진정으로 복 있는 사람들의 자리에서 살아가기를 소원합니다.

말씀적용 오늘의 감사

말씀적용

오늘의 감감감

그래서 감사

그래도 감사

무조건 감사

말씀암송

시 144:3

여호와여 [ ][ ]이 무엇이기에 [ ]께서 그를 알아 주시며 [ ][ ]이 무엇이기에 그를 [ ][ ]하시나이까

말씀기도

❶ 죄를 지었으나 진멸하지 않으시고 기회를 주시는 하나님의 자비와 사랑에 감사드립니다.

❷ 하나님의 백성이 되어 하나님께서 주시는 승리의 축복을 누리게 하소서.

❸ 하나님을 주인으로 삼고 믿음으로 따라가 천국의 복을 얻게 하소서.

말씀배경 지식

낙타와 바늘 귀
(마 19:24)

예루살렘 성문 중에 낙타가 무릎을 구부려서 겨우 들어가는 성문이 있다는 설도 있으나, 위클리프 주석에서는 코끼리를 사용한 탈무드의 비슷한 잠언에서와 같이 문자 그대로의 뜻으로 해석한다. 그 직유는 팔레스타인에서 알려진 가장 큰 짐승과 가장 작은 구멍을 인용하여 불가능을 표현하는 과장법이다.

7월 10일 하나님의 사람들

191 일차 / 365

여호수아 12-13장 | 시편 145편 | 예레미야 6장 | 마태복음 20장

여호수아 12-13장 | 땅을 기업으로 받는 하나님의 사람들

13:8 므낫세 반 지파와 함께 르우벤 족속과 갓 족속은 요단 저편 동쪽에서 그들의 기업을 모세에게 받았는데 여호와의 종 모세가 그들에게 준 것은 이러하니

13:15 모세가 르우벤 자손의 지파에게 그들의 가족을 따라서 기업을 주었으니

13:24 모세가 갓 지파 곧 갓 자손에게도 그들의 가족을 따라서 기업을 주었으니

13:29 모세가 므낫세 반 지파에게 기업을 주었으되 므낫세 자손의 반 지파에게 그들의 가족대로 주었으니

13:33 오직 레위 지파에게는 모세가 기업을 주지 아니하였으니 이는 그들에게 말씀하신 것과 같이 이스라엘의 하나님 여호와께서 그들의 기업이 되심이었더라

시편 145편 | 여호와를 경외하고 사랑하며 송축하는 하나님의 사람들

145:1 왕이신 나의 하나님이여 내가 주를 높이고 영원히 주의 이름을 송축하리이다

145:17 여호와께서는 그 모든 행위에 의로우시며 그 모든 일에 은혜로우시도다

145:18 여호와께서는 자기에게 간구하는 모든 자 곧 진실하게 간구하는 모든 자에게 가까이 하시는도다

145:19 그는 자기를 경외하는 자들의 소원을 이루시며 또 그들의 부르짖음을 들으사 구원하시리로다

145:20 여호와께서 자기를 사랑하는 자들은 다 보호하시고 악인들은 다 멸하시리로다

오늘의 찬양 | 찬송가 15장 (하나님의 크신 사랑)

하나님의 크신 사랑 하늘에서 내리사 우리 맘에 항상 계셔 온전하게 하소서
우리 주는 자비하사 사랑 무한 하시니 두려워서 떠는 자를 구원하여 주소서

예레미야 6장 | 죄를 지어 징계 받는 하나님의 사람들

6:6 만군의 여호와께서 이와 같이 말하노라 너희는 나무를 베어서 예루살렘을 향하여 목책을 만들라 이는 벌 받을 성이라 그 중에는 오직 포학한 것뿐이니라

6:8 예루살렘아 너는 훈계를 받으라 그리하지 아니하면 내 마음이 너를 싫어하고 너를 황폐하게 하여 주민이 없는 땅으로 만들리라

6:13 이는 그들이 가장 작은 자로부터 큰 자까지 다 탐욕을 부리며 선지자로부터 제사장까지 다 거짓을 행함이라

6:16 여호와께서 이와 같이 말씀하시되 너희는 길에 서서 보며 옛적 길 곧 선한 길이 어디인지 알아보고 그리로 가라 너희 심령이 평강을 얻으리라 하나 그들의 대답이 우리는 그리로 가지 않겠노라 하였으며

6:21 그러므로 여호와께서 이와 같이 말씀하시니라 보라 내가 이 백성 앞에 장애물을 두리니 아버지와 아들들이 함께 거기에 걸려 넘어지며 이웃과 그의 친구가 함께 멸망하리라

마태복음 20장 | 인자의 섬김을 통해 제자도를 배우는 하나님의 사람들

20:20 그 때에 세베대의 아들의 어머니가 그 아들들을 데리고 예수께 와서 절하며 무엇을 구하니

20:21 예수께서 이르시되 무엇을 원하느냐 이르되 나의 이 두 아들을 주의 나라에서 하나는 주의 우편에, 하나는 주의 좌편에 앉게 명하소서

20:25 예수께서 제자들을 불러다가 이르시되 이방인의 집권자들이 그들을 임의로 주관하고 그 고관들이 그들에게 권세를 부리는 줄을 너희가 알거니와

20:26 너희 중에는 그렇지 않아야 하나니 너희 중에 누구든지 크고자 하는 자는 너희를 섬기는 자가 되고

20:27 너희 중에 누구든지 으뜸이 되고자 하는 자는 너희의 종이 되어야 하리라

20:28 인자가 온 것은 섬김을 받으려 함이 아니라 도리어 섬기려 하고 자기 목숨을 많은 사람의 대속물로 주려 함이니라

말씀연결 중심내용

수 12-13 르우벤 자손과 갓 자손, 므낫세 반 지파는 택함 받은 **하나님의 사람들**입니다. 그들은 요단 동쪽 기업의 분배를 미리 받습니다. 레위 지파는 미리 정하신대로 기업을 받지 못했는데 그 이유는 하나님께서 그들의 기업이시기 때문입니다.

시 145 다윗은 주를 높이고 영원히 찬양합니다. 그 이유는 여호와께서 모든 것에 선대하시며 긍휼을 베푸시기 때문입니다. **하나님의 사람들**은 하나님을 경외하고 사랑하며 영원히 송축합니다.

렘 6 하나님의 사람들인 예루살렘은 훈계를 싫어하고 악을 드러내어 하나님으로부터 벌을 받게 됩니다. 악을 행하게 되면 아무리 **하나님의 사람들**이라 할지라도 여호와의 분노 가운데 거하게 되고 심판과 재앙을 받게 됩니다.

마 20 주의 나라에서 더 높아지고자 하는 일을 통해 제자들 간에 분란이 일어납니다. 예수님은 크고자 하는 자는 섬기고 종이 되어야 한다고 역설합니다. 예수님께서 오신 이유도 목숨까지 내어놓으며 많은 사람들을 섬기기 위함임을 가르치십니다. 진정한 **하나님의 사람들**은 섬김의 제자도를 실천해야 합니다.

말씀암송

마 20:27 너희 중에 누구든지 □□이 되고자 하는 자는 너희의 □이 되어야 하리라

마 20:28 □□가 온 것은 □□을 □□□ 함이 아니라 도리어 □□□하고 자기 □□을 많은 사람의 □□□로 주려 함이니라

말씀묵상

하나님의 사람들은 요단 동편 땅을 분배받는 축복을 받았습니다. 하나님을 경외하고 사랑하며 영원히 송축할 수 있음은 하나님의 사람들의 특권입니다. 하지만 여호와의 훈계를 싫어하고 악을 행하면 징계가 따릅니다. 예수님은 이 땅에 오신 목적이 사람들을 섬기기 위해 오셨고 자기 목숨도 대속물로 주심이라고 말씀하시며 하나님의 사람들이 가져야 할 진정한 제자도를 알려주셨습니다.

말씀적용 오늘의 감사

말씀적용

오늘의 감감감

그래서 감사

그래도 감사

무조건 감사

말씀기도

❶ 허물 많고 죄 많은 나를 하나님의 자녀 삼아주신 은혜에 찬미의 영광으로 올려 드립니다.
❷ 다윗처럼 환난과 고난 가운데서도 왕이신 하나님을 영원히 찬송하게 하소서.
❸ 주님을 본받아 섬김과 희생의 삶을 살아가게 하소서.

말씀배경 지식

인자가 온 것은 섬김을 받으려 함이 아니라 (마 10:28)

이 원리의 가장 위대한 모범은 인자이다. 최상의 표명은 갈보리에서 일어났는데, 그는 그곳에서 하나님께 범죄한 인간이 받을 형벌을 위하여 자기 목숨을 하나님께 대속물로 드렸다. '많은 사람의 대속물'이라는 표현은 제한적인 의미로 사용한 것이 아니라 죽은 한 사람 그리스도와 대조시킨 것이다. 그러나 구원의 길이 열렸다고 해서 모든 사람이 그 기회를 획득할 수 있는 것은 아니다.

7월 11일 순종과 불순종

192 일차 / 365

여호수아 14-15장 | 시편 146-147편 | 예레미야 7장 | 마태복음 21장

여호수아 14-15장 | 순종의 결과 헤브론을 기업으로 받은 갈렙

14:7 내 나이 사십 세에 여호와의 종 모세가 가데스 바네아에서 나를 보내어 이 땅을 정탐하게 하였으므로 내가 성실한 마음으로 그에게 보고하였고

14:8 나와 함께 올라갔던 내 형제들은 백성의 간담을 녹게 하였으나 나는 내 하나님 여호와께 충성하였으므로

14:9 그 날에 모세가 맹세하여 이르되 네가 내 하나님 여호와께 충성하였은즉 네 발로 밟는 땅은 영원히 너와 네 자손의 기업이 되리라 하였나이다

14:12 그 날에 여호와께서 말씀하신 이 산지를 지금 내게 주소서 당신도 그 날에 들으셨거니와 그 곳에는 아낙 사람이 있고 그 성읍들은 크고 견고할지라도 여호와께서 나와 함께 하시면 내가 여호와께서 말씀하신 대로 그들을 쫓아내리이다 하니

14:13 여호수아가 여분네의 아들 갈렙을 위하여 축복하고 헤브론을 그에게 주어 기업을 삼게 하매

시편 146-147편 | 하나님을 경외하고 순종하는 다윗

146:1 할렐루야 내 영혼아 여호와를 찬양하라

146:2 나의 생전에 여호와를 찬양하며 나의 평생에 내 하나님을 찬송하리로다

146:5 야곱의 하나님을 자기의 도움으로 삼으며 여호와 자기 하나님에게 자기의 소망을 두는 자는 복이 있도다

147:1 할렐루야 우리 하나님을 찬양하는 일이 선함이여 찬송하는 일이 아름답고 마땅하도다

147:6 여호와께서 겸손한 자들은 붙드시고 악인들은 땅에 엎드러뜨리시는도다

147:11 여호와는 자기를 경외하는 자들과 그의 인자하심을 바라는 자들을 기뻐하시는도다

오늘의 찬양 | 찬송가 430장 (주와 같이 길 가는 것)

주와 같이 길 가는 것 즐거운 일 아닌가 우리 주님 걸어가신 발자취를 밟겠네
한걸음 한걸음 주 예수와 함께 날마다 날마다 우리 걸어가리

예레미야 7장 | 여호와를 순종하지 아니하는 백성들

7:3 만군의 여호와 이스라엘의 하나님께서 이와 같이 말씀하시되 너희
길과 행위를 바르게 하라 그리하면 내가 너희로 이 곳에 살게 하리라

7:23 오직 내가 이것을 그들에게 명령하여 이르기를 너희는 내 목소리
를 들으라 그리하면 나는 너희 하나님이 되겠고 너희는 내 백성이 되리
라 너희는 내가 명령한 모든 길로 걸어가라 그리하면 복을 받으리라 하
였으나

7:24 그들이 순종하지 아니하며 귀를 기울이지도 아니하고 자신들의 악
한 마음의 꾀와 완악한 대로 행하여 그 등을 내게로 돌리고 그 얼굴을 향
하지 아니하였으며

7:25 너희 조상들이 애굽 땅에서 나온 날부터 오늘까지 내가 내 종 선지
자들을 너희에게 보내되 끊임없이 보내었으나

7:26 너희가 나에게 순종하지 아니하며 귀를 기울이지 아니하고 목을
굳게 하여 너희 조상들보다 악을 더 행하였느니라

마태복음 21장 | 예수님의 예루살렘 입성을 위해 나귀를 내어주는 순종

21:1 그들이 예루살렘에 가까이 가서 감람 산 벳바게에 이르렀을 때에
예수께서 두 제자를 보내시며

21:2 이르시되 너희는 맞은편 마을로 가라 그리하면 곧 매인 나귀와 나
귀 새끼가 함께 있는 것을 보리니 풀어 내게로 끌고 오라

21:3 만일 누가 무슨 말을 하거든 주가 쓰시겠다 하라 그리하면 즉시 보
내리라 하시니

21:4 이는 선지자를 통하여 하신 말씀을 이루려 하심이라 일렀으되

21:5 시온 딸에게 이르기를 네 왕이 네게 임하나니 그는 겸손하여 나귀,
곧 멍에 메는 짐승의 새끼를 탔도다 하라 하였느니라

21:6 제자들이 가서 예수께서 명하신 대로 하여

21:7 나귀와 나귀 새끼를 끌고 와서 자기들의 겉옷을 그 위에 얹으매
예수께서 그 위에 타시니

말씀연결 중심내용

수 14-15 갈렙은 모세의 가나안 정탐에 **순종**한 결과 40년의 광야 생활에서 살아남는 축복을 누렸고, 나이 팔십 오세의 고령에도 아낙 자손과 싸워 요단강 서편 헤브론 땅을 기업으로 받습니다.

렘 7 예레미야는 유다 사람들에게 길과 행위를 바르게 하여 조상에게 준 땅에서 영원히 살리라고 하나님의 약속을 전합니다. 그러나 유다 백성들은 여호와의 말씀에 **순종**하지 않고 다른 신을 섬기고 모든 가증한 일을 행하여 하나님으로부터 책망을 받게 됩니다.

시 146-147 다윗은 하나님에게 소망을 두고 **순종**하며 평생토록 여호와를 찬양합니다. 하나님을 의지하는 자는 복이 있으나 악인들은 땅에 엎드러지게 됩니다. 경외함과 하나님을 바라는 마음은 여호와를 기쁘시게 합니다.

마 21 예수님은 감람산 벳바게에 이르러 예루살렘 입성을 준비합니다. 선지자의 예언대로 멍에 메는 짐승의 새끼가 필요했을 때, 제자들은 주가 쓰시겠다 라는 말을 듣고 나귀 주인은 **순종**하여 나귀를 보내줍니다.

말씀암송

시 146:5 □□의 □□□을 자기의 □□으로 삼으며 □□□ 자기 하나님에게 자기의 □□을 두는 자는 □이 있도다

시 147:1 할렐루야 우리 □□□을 □□하는 일이 □함이여 □□하는 일이 □□답고 □□하도다

말씀묵상

하나님의 사람들은 주의 말씀에 순종합니다. 갈렙은 가나안 정탐에 순종했고, 다윗은 하나님께 소망을 두고 평생을 순종하여 '내 마음에 합한 자'라는 영광까지 얻습니다. 예수님께 나귀를 선뜻 내어놓은 순종으로 통해 예루살렘 입성은 준비됩니다. 나는 오늘 기도 가운데 주신 마음에 순종하며 살아가기를 소원합니다.

말씀적용 오늘의 감사

말씀적용

오늘의 감감감

그래서 감사

그래도 감사

무조건 감사

말씀기도

❶ 세상의 힘이나 권세를 두려워하지 않고 오직 하나님만을 경외하게 하소서.
❷ 85세의 나이에도 헤브론을 점령한 갈렙 같은 믿음을 나에게도 주시옵소서.
❸ 말로만의 외식 신앙을 버리고 하나님의 말씀에 정직하게 순종하여 따르는 삶을 살게 하소서.

말씀배경 지식

나는 내 하나님 여호와께 충성하였으므로 (수 14:8)

갈렙은 경건한 신자의 탁월한 본이다. 하나님은 그를 85세의 나이에도 육체적으로 강하고 담력 있게 하셨다. 그는 영광스런 기업(아브라함이 장막치고 죽었던 곳의 근처 헤브론)을 요구했고, 아낙 사람들과 싸워 그들을 정복하기를 갈망했다. 그것은, 우리 신자가 안으로는 죄와 밖으로는 유혹과 싸워야 함을 예증해 주고 있다. 헤브론을 함락시킴으로써, 그는 모든 백성에게 값진 봉사를 했다. 뿐만 아니라 후에 그는 그의 성읍을 레위 지파에게 양보하고 그 주변에서 살았다(21:12).

7월 12일 193 일차 365

높여 주시는 하나님

여호수아 16-17장 | 시편 148편 | 예레미야 8장 | 마태복음 22장

여호수아 16-17장 | 요셉 자손을 큰 민족이라 높여 주시는 하나님

16:1 요셉 자손이 제비 뽑은 것은 여리고 샘 동쪽 곧 여리고 곁 요단으
로부터 광야로 들어가 여리고로부터 벧엘 산지로 올라가고

16:4 요셉의 자손 므낫세와 에브라임이 그들의 기업을 받았더라

17:14 요셉 자손이 여호수아에게 말하여 이르되 여호와께서 지금까지
내게 복을 주시므로 내가 큰 민족이 되었거늘 당신이 나의 기업을 위하
여 한 제비, 한 분깃으로만 내게 주심은 어찌함이니이까 하니

17:15 여호수아가 그들에게 이르되 네가 큰 민족이 되므로 에브라임 산
지가 네게 너무 좁을진대 브리스 족속과 르바임 족속의 땅 삼림에 올라
가서 스스로 개척하라 하니라

17:17 여호수아가 다시 요셉의 족속 곧 에브라임과 므낫세에게 말하여
이르되 너는 큰 민족이요 큰 권능이 있은즉 한 분깃만 가질 것이 아니라

17:18 그 산지도 네 것이 되리니 비록 삼림이라도 네가 개척하라 그 끝
까지 네 것이 되리라 가나안 족속이 비록 철 병거를 가졌고 강할지라도
네가 능히 그를 쫓아내리라 하였더라

시편 148편 | 이스라엘 백성을 높여 주시는 하나님

148:1 할렐루야 하늘에서 여호와를 찬양하며 높은 데서 그를 찬양할지
어다

148:2 그의 모든 천사여 찬양하며 모든 군대여 그를 찬양할지어다

148:3 해와 달아 그를 찬양하며 밝은 별들아 다 그를 찬양할지어다

148:13 여호와의 이름을 찬양할지어다 그의 이름이 홀로 높으시며 그
의 영광이 땅과 하늘 위에 뛰어나심이로다

148:14 그가 그의 백성의 뿔을 높이셨으니 그는 모든 성도 곧 그를 가
까이 하는 백성 이스라엘 자손의 찬양 받을 이시로다 할렐루야

오늘의 찬양 | 찬송가 615장 (그 큰 일을 행하신)

그 큰 일을 행하신 주께 영광 이 세상을 사랑해 주 오셨네 우리 죄를 위하여 죽으시사
저 영원한 생명문 여시었네 우리 주 높이세 귀한 말씀 듣고 우리 주 높이세
모두 기뻐하며 주 예수님 힘 입어 하나님께 그 행하신 큰 역사 찬양하세

예레미야 8장 | 높여지지 않고 엎드러지며 벌을 받는 예루살렘 백성들

8:4 너는 또 그들에게 말하기를 여호와의 말씀에 사람이 엎드러지면 어찌 일어나지 아니하겠으며 사람이 떠나갔으면 어찌 돌아오지 아니하겠느냐

8:5 이 예루살렘 백성이 항상 나를 떠나 물러감은 어찌함이냐 그들이 거짓을 고집하고 돌아오기를 거절하도다

8:6 내가 귀를 기울여 들은즉 그들이 정직을 말하지 아니하며 그들의 악을 뉘우쳐서 내가 행한 것이 무엇인고 말하는 자가 없고 전쟁터로 향하여 달리는 말 같이 각각 그 길로 행하도다

8:12 그들이 가증한 일을 행할 때에 부끄러워하였느냐 아니라 조금도 부끄러워 하지 않을 뿐 아니라 얼굴도 붉어지지 아니하였느니라 그러므로 그들이 엎드러질 자와 함께 엎드러질 것이라 내가 그들을 벌할 때에 그들이 거꾸러지리라 여호와의 말씀이니라

마태복음 22장 | 하나님의 자녀로 높임 받지 못하고 예수님의 초청을 거부하는 바리새인과 사두개인들

22:2 천국은 마치 자기 아들을 위하여 혼인 잔치를 베푼 어떤 임금과 같으니

22:3 그 종들을 보내어 그 청한 사람들을 혼인 잔치에 오라 하였더니 오기를 싫어하거늘

22:13 임금이 사환들에게 말하되 그 손발을 묶어 바깥 어두운 데에 내던지라 거기서 슬피 울며 이를 갈게 되리라 하니라

22:14 청함을 받은 자는 많되 택함을 입은 자는 적으니라

22:32 나는 아브라함의 하나님이요 이삭의 하나님이요 야곱의 하나님이로라 하신 것을 읽어 보지 못하였느냐 하나님은 죽은 자의 하나님이 아니요 살아 있는 자의 하나님이시니라 하시니

22:45 다윗이 그리스도를 주라 칭하였은즉 어찌 그의 자손이 되겠느냐 하시니

말씀연결 중심내용

수 16-17 요셉 자손 므낫세와 에브라임이 그 주민들을 다 쫓아 내지 못합니다. 요셉 자손은 큰 민족이 되었는데 한 분깃은 부족하다 말합니다. 여호수아는 요셉 자손에게 너희가 큰 민족이요 큰 권능이 있으니 한 분깃만이 아니라 삼림을 개척할 때 가나안 족속의 철 병거도 이겨내게 하실 **높여 주시는 하나님**의 말씀을 전합니다.

시 148 시편 기자는 하늘의 천사와 해와 달과 별들도 여호와를 찬양하고 있음을 설명합니다. 찬양의 근거는 만물을 창조하시고 영원히 세우셨기 때문입니다. 그의 백성을 **높여 주시는 하나님**은 이스라엘 자손의 찬양받기에 합당하신 분이십니다.

렘 8 하나님을 떠난 예루살렘 백성들은 거짓과 악을 행합니다. 가증한 일을 부끄러워하지 않으니 믿는 자를 **높여 주시는 하나님**을 경험하지 못하고 넘어지며 거꾸러져 멸망의 길로 가게 됩니다.

마 22 예수님의 초청에 응하는 자, 살아있는 자의 하나님을 믿는 자들은 **하나님께서 높여주셔서** 구원을 얻게 됩니다. 하지만 초청에 응하지 않은 바리새인과 사두개인은 거듭 예수님을 하나님의 아들로 인정하기를 거부합니다. 그들은 부활도, 하나님 사랑 이웃 사랑도, 다윗이 그리스도를 주라 칭함도 믿지 않습니다. 결국 그들은 택함을 받지 못하고 슬피 울게 될 것입니다.

말씀암송

시 148:13 □□□의 이름을 □□할지어다 그의 이름이 □□□□□□ 그의 영광이 □과 □□ 위에 뛰어나심이로다

시 148:14 그가 그의 백성의 □을 높이셨으니 그는 모든 □□ 곧 그를 □□□ 하는 백성 이스라엘 자손의 □□ 받을 이시로다 할렐루야

말씀묵상

철 병거가 없이도 가나안 거민을 이기게 하시고, 그의 백성을 높여 주시는 하나님은 찬양받기에 합당하십니다. 하나님을 떠나서 거짓과 악을 행하면 거꾸러지며, 예수님을 영접하지 아니하면 택한 백성이 되지 못합니다. 결국 승리케 하시고 높여 주시는 하나님을 믿는 신앙을 갖기를 소원합니다.

말씀적용 오늘의 감사

말씀적용

오늘의 감감감

그래서 감사

그래도 감사

무조건 감사

말씀기도

❶ 하나님을 가까이 하는 백성이 되어 하나님을 영화롭게 하기를 소원합니다.
❷ 눈 앞에 보이는 철 병거를 두려워하지 않게 하시고 오직 하나님만 높이는 신앙인이 되게 하소서.
❸ 거짓과 악에서 나를 멀리 하시고 하나님의 편에 늘 서게 하소서.

말씀배경 지식

하늘에서
여호와를 찬양하며
높은 데서
(시 148:1)

마지막 모음집에서 세 번째 찬양송은 천지간 모든 것이 우주적인 찬양대에 참여하라는 요청이다. 마지막 구절은 의심할 나위 없이 포로에서의 귀환을 언급할 것이다. 그리고 그러한 세계를 진동시키는 찬양의 근거를 암시해 준다.
하늘에서, 높은 데서, 고대 근동의 우주론에서 나타나는 말을 사용하여 이 시인은 하늘의 천체들과 천계 영물들에게 찬양하라고 권한다. 하나님의 천지 창조와 그 분의 보전은 찬양의 이유가 되고도 남는다.

7월 13일 하나님의 백성

194 일차 365

여호수아 18-19장 | 시편 149-150편 | 예레미야 9장 | 마태복음 23장

여호수아 18-19장 | 제비 뽑아 땅을 분배받는 하나님의 백성

18:3 여호수아가 이스라엘 자손에게 이르되 너희가 너희 조상의 하나
님 여호와께서 너희에게 주신 땅을 점령하러 가기를 어느 때까지 지체
하겠느냐

18:4 너희는 각 지파에 세 사람씩 선정하라 내가 그들을 보내리니 그들
은 일어나서 그 땅에 두루 다니며 그들의 기업에 따라 그 땅을 그려 가지
고 내게로 돌아올 것이라

18:6 그 땅을 일곱 부분으로 그려서 이 곳 내게로 가져오라 그러면 내가
여기서 너희를 위하여 우리 하나님 여호와 앞에서 제비를 뽑으리라

19:49 이스라엘 자손이 그들의 경계를 따라서 기업의 땅 나누기를 마치
고 자기들 중에서 눈의 아들 여호수아에게 기업을 주었으니

19:50 곧 여호와의 명령대로 여호수아가 요구한 성읍 에브라임 산지 딤
낫 세라를 주매 여호수아가 그 성읍을 건설하고 거기 거주하였더라

19:51 제사장 엘르아살과 눈의 아들 여호수아와 이스라엘 자손의 지파
의 족장들이 실로에 있는 회막 문 여호와 앞에서 제비 뽑아 나눈 기업이
이러하니라 이에 땅 나누는 일을 마쳤더라

시편 149-150편 | 기쁨으로 노래하며 즐거워하는 하나님의 백성

149:2 이스라엘은 자기를 지으신 이로 말미암아 즐거워하며 시온의 주
민은 그들의 왕으로 말미암아 즐거워할지어다

149:4 여호와께서는 자기 백성을 기뻐하시며 겸손한 자를 구원으로 아
름답게 하심이로다

149:5 성도들은 영광 중에 즐거워하며 그들의 침상에서 기쁨으로 노래
할지어다

150:1 할렐루야 그의 성소에서 하나님을 찬양하며 그의 권능의 궁창에
서 그를 찬양할지어다

150:2 그의 능하신 행동을 찬양하며 그의 지극히 위대하심을 따라 찬양
할지어다

오늘의 찬양 | 찬송가 15장 (하나님의 크신 사랑)

하나님의 크신 사랑 하늘에서 내리사 우리 맘에 항상 계셔 온전하게 하소서
우리 주는 자비하사 사랑 무한하시니 두려워서 떠는 자를 구원하여 주소서

예레미야 9장 | 마음에 할례 받지 못한 하나님의 백성 이스라엘

9:3 여호와의 말씀이니라 그들이 활을 당김 같이 그들의 혀를 놀려 거짓
을 말하며 그들이 이 땅에서 강성하나 진실하지 아니하고 악에서 악으
로 진행하며 또 나를 알지 못하느니라

9:7 그러므로 만군의 여호와께서 이와 같이 말씀하시되 보라 내가 내 딸
백성을 어떻게 처치할꼬 그들을 녹이고 연단하리라

9:25 여호와의 말씀이니라 보라 날이 이르면 할례 받은 자와 할례 받지
못한 자를 내가 다 벌하리니

9:26 곧 애굽과 유다와 에돔과 암몬 자손과 모압과 및 광야에 살면서 살
쩍을 깎은 자들에게라 무릇 모든 민족은 할례를 받지 못하였고 이스라
엘은 마음에 할례를 받지 못하였느니라 하셨느니라

마태복음 23장 | 하나님의 백성에서 외식하는 자가 된 서기관과 바리새인

23:3 그러므로 무엇이든지 그들이 말하는 바는 행하고 지키되 그들이
하는 행위는 본받지 말라 그들은 말만 하고 행하지 아니하며

23:13 화 있을진저 외식하는 서기관들과 바리새인들이여 너희는 천국
문을 사람들 앞에서 닫고 너희도 들어가지 않고 들어가려 하는 자도 들
어가지 못하게 하는도다

23:25 화 있을진저 외식하는 서기관들과 바리새인들이여 잔과 대접의
겉은 깨끗이 하되 그 안에는 탐욕과 방탕으로 가득하게 하는도다

23:27 화 있을진저 외식하는 서기관들과 바리새인들이여 회칠한 무덤
같으니 겉으로는 아름답게 보이나 그 안에는 죽은 사람의 뼈와 모든 더
러운 것이 가득하도다

23:28 이와 같이 너희도 겉으로는 사람에게 옳게 보이되 안으로는 외식
과 불법이 가득하도다

말씀연결 중심내용

수 18-19 하나님은 그의 백성들에게 약속한 기업을 주심으로 신실하심과 사랑을 보이십니다. 여호수아는 아직 땅을 분배받지 못한 일곱 지파의 땅을 나누었습니다. **하나님의 백성**은 그들의 기업으로 약속의 땅을 받는 축복을 누립니다.

시 149-150 하나님께서는 자기의 백성들을 기뻐하시며 겸손한 자를 구원하십니다. 성도들은 영광중에 즐거워하며 기쁨으로 노래합니다. 호흡이 있는 모든 **하나님의 백성**은 여호와를 찬양하며 경배해야 합니다. 그 이유는 하나님께서 우리를 지으셨기 때문입니다.

렘 9 하나님은 애통하는 마음으로 자기의 백성들을 녹이고 연단하겠다고 말씀하십니다. 이방인은 육적으로 할례받지 못했으나 **하나님의 백성**인 이스라엘은 마음의 할례를 받지 못하고 벌을 받게 됩니다.

마 23 외식하는 서기관과 바리새인들은 선택받은 **하나님의 백성**이었으나 화가 있으리라고 책망받았습니다. 그들은 겉으로는 진실하고 경건하여 하나님을 경외하는 듯 하나 그 속은 죄와 불의로 가득한 외식하는 자들이었습니다. 결국 겉모습으로 주님을 속일 수 없고 외식적인 모습으로는 하나님을 만날 수 없습니다. 겸손히 하나님의 은혜를 구하는 것만이 하나님을 만나는 방법입니다.

말씀암송

시 149:4

☐☐☐께서는 자기 ☐☐을 기뻐하시며 ☐☐☐ 자를 ☐☐으로 아름답게 하심이로다

말씀묵상

땅을 분배받지 못한 하나님의 백성들을 굽어 살피시사 땅을 나누시는 사랑의 하나님이십니다. 우리를 지으시고 보살피시는 하나님을 호흡이 있는 자마다 찬양하고 경배해야 합니다. 이제 육적인 할례만 받고 마음은 회칠한 무덤 같은 외식하는 믿음이 아닌, 진실로 하나님을 마음에 모시고 겸손히 하나님의 은혜를 간구하며 살아가기를 다짐합니다.

말씀적용 오늘의 감사

말씀적용

오늘의 감감감

그래서 감사

그래도 감사

무조건 감사

말씀기도

❶ 땅을 분배받지 못한 하나님의 백성들에게 약속의 땅을 주시고 축복하신 하나님의 은혜를 찬양합니다.
❷ 하나님이 기뻐하시는 백성으로 하나님이 주시는 기업의 축복을 누리게 하소서.
❸ 바리새인처럼 외식하는 신앙이 아니라 하나님 앞에 정직하고 진실된 믿음을 갖게 하소서.

말씀배경 지식

회칠한 무덤
(마 23:27)

유대인은 실수로 무덤에 접촉함으로써 정결 예법상 더러워지지 않게 쉽게 식별할 수 있도록 장마철이 지난 봄에는 언제나 무덤에 흰 칠을 하였다. 최근까지도 지켜지고 있는 이 관습은 바리새인이 내적 더러움은 차치하고, 외부의 눈만을 의식하는 형식주의에 대한 적절한 예중을 제시한 것이다.

7월 14일 약속하심

195 일차 / 365

여호수아 20-21장 | 사도행전 1장 | 예레미야 10장 | 마태복음 24장

여호수아 20-21장 | 도피성에 오면 살 것을 약속하심

20:2 이스라엘 자손에게 말하여 이르기를 내가 모세를 통하여 너희에게 말한 도피성들을 너희를 위해 정하여

20:3 부지중에 실수로 사람을 죽인 자를 그리로 도망하게 하라 이는 너희를 위해 피의 보복자를 피할 곳이니라

20:5 피의 보복자가 그의 뒤를 따라온다 할지라도 그들은 그 살인자를 그의 손에 내주지 말지니 이는 본래 미워함이 없이 부지중에 그의 이웃을 죽였음이라

20:9 이는 곧 이스라엘 모든 자손과 그들 중에 거류하는 거류민을 위하여 선정된 성읍들로서 누구든지 부지중에 살인한 자가 그리로 도망하여 그가 회중 앞에 설 때까지 피의 보복자의 손에 죽지 아니하게 하기 위함이라

사도행전 1장 | 성령을 보내사 제자들을 보호하시고 성령을 주시겠다고 약속하심

1:3 그가 고난 받으신 후에 또한 그들에게 확실한 많은 증거로 친히 살아 계심을 나타내사 사십 일 동안 그들에게 보이시며 하나님 나라의 일을 말씀하시니라

1:4 사도와 함께 모이사 그들에게 분부하여 이르시되 예루살렘을 떠나지 말고 내게서 들은 바 아버지께서 약속하신 것을 기다리라

1:5 요한은 물로 세례를 베풀었으나 너희는 몇 날이 못되어 성령으로 세례를 받으리라 하셨느니라

1:8 오직 성령이 너희에게 임하시면 너희가 권능을 받고 예루살렘과 온 유대와 사마리아와 땅 끝까지 이르러 내 증인이 되리라 하시니라

1:9 이 말씀을 마치시고 그들이 보는데 올려져 가시니 구름이 그를 가리어 보이지 않게 하더라

1:11 이르되 갈릴리 사람들아 어찌하여 서서 하늘을 쳐다보느냐 너희 가운데서 하늘로 올려지신 이 예수는 하늘로 가심을 본 그대로 오시리라 하였느니라

오늘의 찬양 | 찬송가 546장 (주님 약속하신 말씀 위에 서)

주님 약속하신 말씀 위에 서 영원토록 주를 찬송하리라 소리 높여 주께 영광 돌리며
약속믿고 굳게 서리라 굳게 서리 영원하신 말씀 위에 굳게 서리 굳게 서리
그 말씀 위에 굳게 서리라

예레미야 10장 | 야곱의 분깃을 보호하시고 멸망시키지 않음을 약속하심

10:2 여호와께서 이와 같이 말씀하시되 여러 나라의 길을 배우지 말라 이방 사람들은 하늘의 징조를 두려워하거니와 너희는 그것을 두려워하지 말라

10:3 여러 나라의 풍습은 헛된 것이니 삼림에서 벤 나무요 기술공의 두 손이 도끼로 만든 것이라

10:5 그것이 둥근 기둥 같아서 말도 못하며 걸어다니지도 못하므로 사람이 메어야 하느니라 그것이 그들에게 화를 주거나 복을 주지 못하나니 너희는 두려워하지 말라 하셨느니라

10:10 오직 여호와는 참 하나님이시요 살아 계신 하나님이시요 영원한 왕이시라 그 진노하심에 땅이 진동하며 그 분노하심을 이방이 능히 당하지 못하느니라

10:15 그것들은 헛 것이요 망령되이 만든 것인즉 징벌하실 때에 멸망할 것이나

10:16 야곱의 분깃은 이같지 아니하시니 그는 만물의 조성자요 이스라엘은 그의 기업의 지파라 그 이름은 만군의 여호와시니라

10:25 주를 알지 못하는 이방 사람들과 주의 이름으로 기도하지 아니하는 족속들에게 주의 분노를 부으소서 그들은 야곱을 씹어 삼켜 멸하고 그의 거처를 황폐하게 하였나이다 하니라

마태복음 24장 | 끝까지 견디는 자를 구원하시며 인자가 올 것을 약속하심

24:4 예수께서 대답하여 이르시되 너희가 사람의 미혹을 받지 않도록 주의하라

24:5 많은 사람이 내 이름으로 와서 이르되 나는 그리스도라 하여 많은 사람을 미혹하리라

24:11 거짓 선지자가 많이 일어나 많은 사람을 미혹하겠으며

24:12 불법이 성하므로 많은 사람의 사랑이 식어지리라

24:13 그러나 끝까지 견디는 자는 구원을 얻으리라

24:14 이 천국 복음이 모든 민족에게 증언되기 위하여 온 세상에 전파되리니 그제야 끝이 오리라

24:30 그 때에 인자의 징조가 하늘에서 보이겠고 그 때에 땅의 모든 족속들이 통곡하며 그들이 인자가 구름을 타고 능력과 큰 영광으로 오는 것을 보리라

말씀연결 중심내용

수 20-21 이웃을 미워함이 없이 부지 중에 실수로 사람을 죽인 자를 도피성을 통해 보호하시는 하나님의 인자하심을 볼 수 있습니다. 이스라엘 자손과 그들 중에 거류하는 거류민들은 피의 보복자로부터 죽지 아니함을 **약속하십니다.** 그리고 이스라엘에게 주리라 약속하신 온 땅을 다 주시사 말씀을 다 응하게 하셨습니다.

행 1 부활하신 예수님은 제자들에게 예루살렘을 떠나지 말고 기다리면 성령을 주시겠다고 **약속하십니다.** 성령이 임할 때 권능을 받고 예루살렘과 온 유대와 사마리아와 땅 끝까지 복음을 전할 것입니다. 제자들은 그 사명을 감당하기 위해 맛디아를 열두번째 사도로 뽑습니다.

렘 10 여호와께서 이방 사람들을 두려워하지 말라고 하십니다. 오직 여호와만이 참 하나님이시오 살아계신 영원한 왕이시니 이방은 여호와를 당하지 못함을 알려 주십니다. 계속해서 하나님은 권능올 이방 사람들을 심판하시나 야곱의 분깃은 멸망시키지 않으실 것을 **약속하십니다.**

마 24 예수님은 재난의 징조를 말씀하시며 미혹을 받지 않고 깨어 있으라 명령하십니다. 거짓 선지자로 인한 환난과 미혹 중에도 끝까지 견디는 자에게 구원을 약속하십니다. 또한 환난 후에 인자가 구름을 타고 오실 것을 **약속하십니다.**

말씀암송

행 1:8 오직 ☐☐이 너희에게 임하시면 너희가 ☐☐을 받고 ☐☐☐☐과 온 ☐☐와 ☐☐☐☐와 땅 끝까지 이르러 내 ☐☐이 되리라 하시니라

말씀묵상

피의 보복을 싫어하시사 부지 중에 살인한 자도 도피성에서 보호하심을 약속하시고 야곱의 분깃을 멸망시키지 않겠다고 약속하시는 하나님을 봅니다. 부활하신 예수님은 성령을 보내실 것을 약속하시고 끝까지 환난을 이기는 자를 구원하신다고 하셨습니다. 지금의 현실을 바라보며 흔들리지 않고 깨어 있는 믿음으로 살아가기를 다짐합니다.

말씀적용 오늘의 감사

말씀적용

오늘의 감감감

그래서 감사

그래도 감사

무조건 감사

말씀기도

❶ 의도하지 않은 죄를 짓게 될지라도 보호하시는 하나님의 사랑하심에 감사의 찬미를 올려 드립니다.

❷ 피난처 되시는 예수님께 피하는 것이 생명을 얻는 유일한 길이라는 것을 깨닫게 하시고 주 안에서 평안과 영생을 얻게 하소서.

❸ 다시 오신다고 약속하신 주님의 말씀을 붙들고 늘 깨어 준비하는 믿음으로 살게 하소서.

말씀배경 지식

여섯 군데의 도피성(수 20:7)

갈릴리 게네스, 세겜, 헤브론, 베셀, 길르앗 라못, 바산 골란. 이 여섯 개의 성 모두는 레위 지파가 사용하도록 하나님께 바쳐진 거룩한 예물로 간주되는 레위 지파의 성읍들이다. 따라서 그 곳은 하나님의 소유이며, 살인자는 그 곳에서 하나님의 은총으로 보호받을 수 있다. 도피성은 고의가 아니라 사고로 사람을 죽인 자를 고대에 인정되었던 피의 복수권으로부터 보호하기 위해 세워졌다.

7월 15일 믿는 자들의 축복

196 일차 / 365

여호수아 22장 | 사도행전 2장 | 예레미야 11장 | 마태복음 25장

여호수아 22장 | 동족을 위해 싸운 자가 받는 축복

22:4 이제는 너희의 하나님 여호와께서 이미 말씀하신 대로 너희 형제에게 안식을 주셨으니 그런즉 이제 너희는 여호와의 종 모세가 요단 저쪽에서 너희에게 준 소유지로 가서 너희의 장막으로 돌아가되

22:6 여호수아가 그들에게 축복하여 보내매 그들이 자기 장막으로 갔더라

22:7 므낫세 반 지파에게는 모세가 바산에서 기업을 주었고 그 남은 반 지파에게는 여호수아가 요단 이쪽 서쪽에서 그들의 형제들과 함께 기업을 준지라 여호수아가 그들을 그들의 장막으로 돌려보낼 때에 그들에게 축복하고

22:8 말하여 이르되 너희는 많은 재산과 심히 많은 가축과 은과 금과 구리와 쇠와 심히 많은 의복을 가지고 너희의 장막으로 돌아가서 너희의 원수들에게서 탈취한 것을 너희의 형제와 나눌지니라 하매

22:11 이스라엘 자손이 들은즉 이르기를 르우벤 자손과 갓 자손과 므낫세 반 지파가 가나안 땅의 맨 앞쪽 요단 언덕 가 이스라엘 자손에게 속한 쪽에 제단을 쌓았다 하는지라

22:34 르우벤 자손과 갓 자손이 그 제단을 엣이라 불렀으니 우리 사이에 이 제단은 여호와께서 하나님이 되시는 증거라 함이었더라

사도행전 2장 | 성령 충만과 구원의 축복

2:1 오순절 날이 이미 이르매 그들이 다같이 한 곳에 모였더니

2:2 홀연히 하늘로부터 급하고 강한 바람 같은 소리가 있어 그들이 앉은 온 집에 가득하며

2:3 마치 불의 혀처럼 갈라지는 것들이 그들에게 보여 각 사람 위에 하나씩 임하여 있더니

2:4 그들이 다 성령의 충만함을 받고 성령이 말하게 하심을 따라 다른 언어들로 말하기를 시작하니라

2:14 베드로가 열한 사도와 함께 서서 소리를 높여 이르되 유대인들과 예루살렘에 사는 모든 사람들아 이 일을 너희로 알게 할 것이니 내 말에 귀를 기울이라

2:41 그 말을 받은 사람들은 세례를 받으매 이 날에 신도의 수가 삼천이나 더하더라

오늘의 찬양 | 찬송가 31장 (찬양하라 복되신 구세주 예수)

찬양하라 복되신 구세주 예수 백성들아 사랑을 전하세 경배하라
하늘의 천군과 천사 주님 앞에 영광을 돌리세 목자같이 우리를 지키시고
종일 품에 늘 안아주시니 찬양하라 높으신 권세를 찬양 찬양 찬양 영원히 드리세

예레미야 11장 | 언약의 축복을 받았으나 바알에게 분향함으로 재앙을 선포 받은 백성들

11:4 이 언약은 내가 너희 조상들을 쇠풀무 애굽 땅에서 이끌어내던 날에 그들에게 명령한 것이라 곧 내가 이르기를 너희는 내 목소리를 순종하고 나의 모든 명령을 따라 행하라 그리하면 너희는 내 백성이 되겠고 나는 너희의 하나님이 되리라

11:5 내가 또 너희 조상들에게 한 맹세는 그들에게 젖과 꿀이 흐르는 땅을 주리라 한 언약을 이루리라 한 것인데 오늘이 그것을 증언하느니라 하라 하시기로 내가 대답하여 이르되 아멘 여호와여 하였노라

11:9 여호와께서 또 내게 이르시되 유다인과 예루살렘 주민 중에 반역이 있도다

11:10 그들이 내 말 듣기를 거절한 자기들의 선조의 죄악으로 돌아가서 다른 신들을 따라 섬겼은즉 이스라엘 집과 유다 집이 내가 그들의 조상들과 맺은 언약을 깨뜨렸도다

11:17 바알에게 분향함으로 나의 노여움을 일으킨 이스라엘 집과 유다 집의 악으로 말미암아 그를 심은 만군의 여호와께서 그에게 재앙을 선언하셨느니라

마태복음 25장 | 깨어 준비한 자가 받는 축복

25:1 그 때에 천국은 마치 등을 들고 신랑을 맞으러 나간 열 처녀와 같다 하리니

25:2 그 중의 다섯은 미련하고 다섯은 슬기 있는 자라

25:10 그들이 사러 간 사이에 신랑이 오므로 준비하였던 자들은 함께 혼인 잔치에 들어가고 문은 닫힌지라

25:12 대답하여 이르되 진실로 너희에게 이르노니 내가 너희를 알지 못하노라 하였느니라

25:13 그런즉 깨어 있으라 너희는 그 날과 그 때를 알지 못하느니라

말씀연결 중심내용

수 22 여호수아가 르우벤 갓 므낫세 반지파에게 **축복**하고 요단강 건너 장막으로 가게 합니다. 동족들을 위해 힘써 싸운 그들에게 **재산과 가축과 물질의 축복**이 주어졌습니다. 그들은 여호와 앞에 번제와 소제와 화목제를 쌓고 여호와께서 하나님이 되시는 증거로 삼았습니다.

행 2 예수님의 제자들은 오순절 날 **성령의 충만함을 축복**으로 받고 다른 언어들로 말하기를 시작했습니다. 베드로가 '누구든지 주의 이름을 부르면 구원을 받으리라'고 가르칠 때 **삼천명이 신자가 되는 축복**을 누렸습니다. 믿는 사람들이 재산과 소유를 나눠 주며 날마다 성전에 모이기를 힘쓰고 하나님을 찬미할 때 **구원 받는 사람의 수가 더해지는 축복**이 일어납니다.

렘 11 하나님은 이스라엘에게 **젖과 꿀이 흐르는 땅을 축복**으로 주리라 언약하셨는데 그들은 악한 마음의 완악한 데로 행하여 언약을 깨뜨렸습니다. 바알에게 분향한 이스라엘 집과 유다 집은 재앙을 선포 받습니다. 그러자 아나돗 사람들이 예레미야를 죽이려고 꾀했으나 만군의 여호와께서 재앙을 내리십니다.

마 25 예수님은 신랑을 맞이하는 열처녀 비유를 통해 천국은 **깨어 준비하는 자들이 받게 되는 축복**임을 가르쳐 주십니다. 또한 달란트 비유를 통해 게으르지 않고 깨어 있어서 적은 일에 **충성한 자가 받는 축복**을 설명하십니다.

말씀암송

렘 11:4 이 □□은 내가 너희 □□들을 쇠풀무 □□ 땅에서 이끌어내던 날에 그들에게 □□ 한 것이라 곧 내가 이르기를 너희는 내 □□□를 □□하고 나의 모든 □□을 따라 행하라 그리하면 너희는 내 □□이 되겠고 나는 너희의 □□□이 되리라

말씀묵상

하나님은 순종함으로 사명 감당한 자에게 재산과 가축과 물질의 축복을 주십니다. 예수님의 제자들은 성령 충만의 축복을 받고 전도사역을 감당합니다. 이스라엘은 하나님이 주시는 축복을 누리지 못하고 재앙을 선포 받습니다. 나는 예수님이 말씀 하신대로 늘 깨어 준비하고 충성된 주의 제자가 되어 축복의 통로가 되기를 소원합니다.

말씀적용 오늘의 감사

말씀적용

오늘의 감감감

그래서 감사

그래도 감사

무조건 감사

말씀기도

❶ 주님 주신 사명을 감당할 때 축복 내려 주시는 하나님께 감사의 찬미를 올려 드립니다.

❷ 나에게도 성령 충만의 축복과 방언의 축복을 허락하여 주시옵소서.

❸ 늘 깨어 기도하며 주님과 동행하는 신앙인이 되기를 다짐합니다.

말씀배경 지식

오순절(행 2:1)

제 50을 뜻하며, 레위기 23:15-22에 설명된 칠칠절에 해당하는 헬라어 표현이다. 이 날은 첫 추수를 한 것에 대한 감사의 축제일이다.

오순절을 교회의 탄생일로 보는 진정한 의미는 예수를 믿는 자들이 함께 새로운 관계성을 갖게 하기 위해 새로운 방법으로 성령이 사람들에게 부어진 날이기 때문이다.

7월 16일

197 일차 / 365

주를 가까이 하라

여호수아 23장 | 사도행전 3장 | 예레미야 12장 | 마태복음 26장

여호수아 23장 | 너희를 도우신 여호와를 가까이 하라

23:2 여호수아가 온 이스라엘 곧 그들의 장로들과 수령들과 재판장들과 관리들을 불러다가 그들에게 이르되 나는 나이가 많아 늙었도다

23:5 너희의 하나님 여호와 그가 너희 앞에서 그들을 쫓아내사 너희 목전에서 그들을 떠나게 하시리니 너희의 하나님 여호와께서 너희에게 말씀하신 대로 너희가 그 땅을 차지할 것이라

23:6 그러므로 너희는 크게 힘써 모세의 율법 책에 기록된 것을 다 지켜 행하라 그것을 떠나 우로나 좌로나 치우치지 말라

23:8 오직 너희의 하나님 여호와께 가까이 하기를 오늘까지 행한 것 같이 하라

23:14 보라 나는 오늘 온 세상이 가는 길로 가려니와 너희의 하나님 여호와께서 너희에게 대하여 말씀하신 모든 선한 말씀이 하나도 틀리지 아니하고 다 너희에게 응하여 그 중에 하나도 어김이 없음을 너희 모든 사람은 마음과 뜻으로 아는 바라

사도행전 3장 | 십자가의 믿음으로 주를 가까이 하라

3:2 나면서 못 걷게 된 이를 사람들이 메고 오니 이는 성전에 들어가는 사람들에게 구걸하기 위하여 날마다 미문이라는 성전 문에 두는 자라

3:6 베드로가 이르되 은과 금은 내게 없거니와 내게 있는 이것을 네게 주노니 나사렛 예수 그리스도의 이름으로 일어나 걸으라 하고

3:13 아브라함과 이삭과 야곱의 하나님 곧 우리 조상의 하나님이 그의 종 예수를 영화롭게 하셨느니라 너희가 그를 넘겨 주고 빌라도가 놓아 주기로 결의한 것을 너희가 그 앞에서 거부하였으니

3:14 너희가 거룩하고 의로운 이를 거부하고 도리어 살인한 사람을 놓아 주기를 구하여

3:15 생명의 주를 죽였도다 그러나 하나님이 죽은 자 가운데서 그를 살리셨으니 우리가 이 일에 증인이라

오늘의 찬양 | 주께 가까이

주께 가까이 날 이끄소서 간절히 주님만을 원합니다 채워주소서
주의 사랑을 진정한 찬양 드릴 수 있도록 목마른 나의 영혼 주를 부르니
나의 맘 만져 주소서 주님만을 원합니다 더 원합니다.

예레미야 12장 | 마음으로 주를 가까이 하라

12:2 주께서 그들을 심으시므로 그들이 뿌리가 박히고 장성하여 열매를
맺었거늘 그들의 입은 주께 가까우나 그들의 마음은 머니이다

12:3 여호와여 주께서 나를 아시고 나를 보시며 내 마음이 주를 향하여
어떠함을 감찰하시오니 양을 잡으려고 끌어냄과 같이 그들을 끌어내시
되 죽일 날을 위하여 그들을 구별하옵소서

12:7 내가 내 집을 버리며 내 소유를 내던져 내 마음으로 사랑하는 것을
그 원수의 손에 넘겼나니

12:10 많은 목자가 내 포도원을 헐며 내 몫을 짓밟아서 내가 기뻐하는
땅을 황무지로 만들었도다

12:14 내가 내 백성 이스라엘에게 기업으로 준 소유에 손을 대는 나의
모든 악한 이웃에 대하여 여호와께서 이와 같이 말씀하시니라 보라 내가
그들을 그 땅에서 뽑아 버리겠고 유다 집을 그들 가운데서 뽑아 내리라

마태복음 26장 | 헌신으로 주를 가까이 하라

26:6 예수께서 베다니 나병환자 시몬의 집에 계실 때에

26:7 한 여자가 매우 귀한 향유 한 옥합을 가지고 나아와서 식사하시는
예수의 머리에 부으니

26:8 제자들이 보고 분개하여 이르되 무슨 의도로 이것을 허비하느냐

26:9 이것을 비싼 값에 팔아 가난한 자들에게 줄 수 있었겠도다 하거늘

26:12 이 여자가 내 몸에 이 향유를 부은 것은 내 장례를 위하여 함이니라

26:14 그 때에 열둘 중의 하나인 가룟 유다라 하는 자가 대제사장들에
게 가서 말하되

26:15 내가 예수를 너희에게 넘겨 주리니 얼마나 주려느냐 하니 그들이
은 삼십을 달아 주거늘

26:16 그가 그 때부터 예수를 넘겨 줄 기회를 찾더라

말씀연결 중심내용

수 23 죽음을 앞둔 여호수아는 피 끓는 심정으로 마지막 설교를 합니다. 하나님께서 너희를 위하여 이 모든 나라에 행하신 일을 너희가 보았거니와 율법책에 기록된 것을 다 지켜 행하라. 지금처럼 앞으로도 **여호와를 가까이** 하라. 이 민족에게 들어가서 그들의 신을 부르는 일을 하지 말고 스스로를 조심하여 하나님을 사랑하라. 여호수아의 설교는 오늘날에도 그대로 적용됩니다. 좌로나 우로나 치우치지 말고 선한 말씀을 가까이하며 나아가야 합니다.

행 3 베드로는 미문에서 예수 그리스도의 이름으로 앉은뱅이를 일으킵니다. 십자가를 믿는 믿음이 기적을 행하게 했습니다. 백성들은 십자가에서 주님을 죽였으나 회개하고 돌이켜 **주를 가까이** 하면 죄사함을 받는다는 것을 베드로는 증거합니다.

렘 12 악한 자들은 입으로는 주님께 가까운 곳처럼 말하지만 마음은 주님과 멀리 있습니다. 진정한 주님의 백성은 마음으로 **주를 가까이** 해야 합니다. 주님께서는 우리의 마음이 어떠한지를 보시고 판단하십니다. 그리고 마음으로 주님 사랑하는 것을 원수에게 넘기는 자는 하나님께서 미워하신다고 경고하십니다.

마 26 베다니 시몬의 집에서 한 여자가 향유 한 옥합을 예수님의 머리에 붓습니다. 제자들은 분개하여 이르되 왜 이것을 허비하느냐고 말합니다. 그러나 그 여인은 예수님의 장례를 위함이었습니다. 제자들은 몸은 **예수님과 가까이** 있었지만 마음은 주님과 멀었습니다. 가룟 유다 역시 예수님과 마음이 멀어 예수님을 팔고자 합니다. 베드로 역시 닭 울기 전 세 번이나 부인할 것을 예수님께서 예언하십니다.

말씀묵상

여호수아의 마지막 설교는 내가 있을 동안 주님과 가까이 한 것처럼 앞으로도 여호와를 가까이 하라고 하는 것입니다. 좌로나 우로나 치우지지말고 오직 여호와를 가까이 함이 내게 복입니다. 베드로는 죄를 회개하고 주님을 가까이 하면 죄사함을 받을 수 있음을 설교합니다. 입술로는 주님 닮은 듯하나 마음은 주님과 멀리 있게 되면 하나님께서 그를 미워하십니다. 열두 제자도 몸은 주님과 가까이 있었으나 마음은 멀었습니다. 잘되고 복받는 일에만 주님과 가까이 한다면 그것은 진정한 믿음이 아닙니다. 십자가의 고난의 길도 피하지 않고 가까이 하는 굳건한 믿음을 갖게 되기를 소망합니다.

말씀적용 오늘의 감사

말씀적용

오늘의 감감감

그래서 감사

그래도 감사

무조건 감사

말씀암송

수 23:6 그러므로 □□는 크게 □□
모세의 □□ 책에 □□□ 것을 다 □□
행하라 그것을 떠나 □로나 □로나 치우치지 말라

말씀기도

❶ 말로만 고백하는 믿음이 아닌 마음의 중심으로 주님을 따르며 살게 하소서.
❷ 은과 금이 아닌 나사렛 예수 이름을 붙잡아 능력의 삶과 증거의 삶을 살게 하소서.
❸ 십자가의 고난에도 동참하여 진정 주님을 가까이 하는 믿음을 갖게 하소서.

말씀배경 지식

수 23

여호수아서는 하나님께서 여호수아에게 지휘를 맡으라고 명한 명령으로 시작하여, 여호수아가 백성에게 땅의 정복을 완결하라는 훈계로 끝을 맺는다. 여호수아가 나이 많아 늙어서 지파의 영토들을 분배했다. 이제 죽음이 임박했음을 느끼자 자신의 여력을 다해 이스라엘 백성이 여호와에 대한 신뢰와 언약에 대한 복종을 새롭게 하도록 북돋아 주었다.

7월 17일 오직 하나님만 섬기라

198 일차/365

여호수아 24장 | 사도행전 4장 | 예레미야 13장 | 마태복음 27장

여호수아 24장 | 이방 신을 버리고 오직 하나님만 섬기라

24:1 여호수아가 이스라엘 모든 지파를 세겜에 모으고 이스라엘 장로들과 그들의 수령들과 재판장들과 관리들을 부르매 그들이 하나님 앞에 나와 선지라

24:8 내가 또 너희를 인도하여 요단 저쪽에 거주하는 아모리 족속의 땅으로 들어가게 하매 그들이 너희와 싸우기로 내가 그들을 너희 손에 넘겨 주매 너희가 그 땅을 점령하였고 나는 그들을 너희 앞에서 멸절시켰으며

24:14 그러므로 이제는 여호와를 경외하며 온전함과 진실함으로 그를 섬기라 너희의 조상들이 강 저쪽과 애굽에서 섬기던 신들을 치워 버리고 여호와만 섬기라

24:15 만일 여호와를 섬기는 것이 너희에게 좋지 않게 보이거든 너희 조상들이 강 저쪽에서 섬기던 신들이든지 또는 너희가 거주하는 땅에 있는 아모리 족속의 신들이든지 너희가 섬길 자를 오늘 택하라 오직 나와 내 집은 여호와를 섬기겠노라 하니

24:16 백성이 대답하여 이르되 우리가 결단코 여호와를 버리고 다른 신들을 섬기기를 하지 아니하오리니

24:17 이는 우리 하나님 여호와께서 친히 우리와 우리 조상들을 인도하여 애굽 땅 종 되었던 집에서 올라오게 하시고 우리 목전에서 그 큰 이적들을 행하시고 우리가 행한 모든 길과 우리가 지나온 모든 백성들 중에서 우리를 보호하셨음이며

사도행전 4장 | 다른 이로는 구원이 없으니 오직 하나님만 섬기라

4:1 사도들이 백성에게 말할 때에 제사장들과 성전 맡은 자와 사두개인들이 이르러

4:3 그들을 잡으매 날이 이미 저물었으므로 이튿날까지 가두었으나

4:12 다른 이로써는 구원을 받을 수 없나니 천하 사람 중에 구원을 받을 만한 다른 이름을 우리에게 주신 일이 없음이라 하였더라

4:19 베드로와 요한이 대답하여 이르되 하나님 앞에서 너희의 말을 듣는 것이 하나님의 말씀을 듣는 것보다 옳은가 판단하라

4:20 우리는 보고 들은 것을 말하지 아니할 수 없다 하니

오늘의 찬양 | 나의 맘 속에 온전히

나의 맘 속에 온전히 주님만 모셔놓고 나의 정성을 다하여 주를 섬기리
기쁘나 슬프나 오직 한 맘 주 위해 한 평생 주만 모시고 찬송하며 살리라
주는 나의 큰 능력 주는 나의 큰 소망 내가 항상 영원히 주님만을 섬기리

예레미야 13장 | 교만을 버리고 오직 하나님만 섬기라

13:9 여호와께서 이와 같이 말씀하시니라 내가 유다의 교만과 예루살렘의 큰 교만을 이같이 썩게 하리라

13:10 이 악한 백성이 내 말 듣기를 거절하고 그 마음의 완악한 대로 행하며 다른 신들을 따라 그를 섬기며 그에게 절하니 그들이 이 띠가 쓸 수 없음 같이 되리라

13:11 여호와의 말씀이니라 띠가 사람의 허리에 속함 같이 내가 이스라엘 온 집과 유다 온 집으로 내게 속하게 하여 그들로 내 백성이 되게 하며 내 이름과 명예와 영광이 되게 하려 하였으나 그들이 듣지 아니하였느니라

13:17 너희가 이를 듣지 아니하면 나의 심령이 너희 교만으로 말미암아 은밀한 곳에서 울 것이며 여호와의 양 떼가 사로잡힘으로 말미암아 눈물을 흘려 통곡하리라

마태복음 27장 | 예수님의 장례를 준비하며 오직 하나님만 섬기는 사람들

27:11 예수께서 총독 앞에 섰으매 총독이 물어 이르되 네가 유대인의 왕이냐 예수께서 대답하시되 네 말이 옳도다 하시고

27:14 한 마디도 대답하지 아니하시니 총독이 크게 놀라워하더라

27:27 이에 총독의 군병들이 예수를 데리고 관정 안으로 들어가서 온 군대를 그에게로 모으고

27:30 그에게 침 뱉고 갈대를 빼앗아 그의 머리를 치더라

27:50 예수께서 다시 크게 소리 지르시고 영혼이 떠나시니라

27:54 백부장과 및 함께 예수를 지키던 자들이 지진과 그 일어난 일들을 보고 심히 두려워하여 이르되 이는 진실로 하나님의 아들이었도다 하더라

27:59 요셉이 시체를 가져다가 깨끗한 세마포로 싸서

27:60 바위 속에 판 자기 새 무덤에 넣어 두고 큰 돌을 굴려 무덤 문에 놓고 가니

27:61 거기 막달라 마리아와 다른 마리아가 무덤을 향하여 앉았더라

말씀연결 중심내용

수 24 여호수아는 고별 설교에서 온전함과 진실함으로 **오직 여호와 하나님만 섬기라**고 말하며 여호와냐 아모리 족속의 신들이냐 선택하라고 합니다. 백성들은 결단코 여호와를 버리지 않고 다른 신들을 섬기지 않겠다고 고백합니다. 여호수아는 만일 여호와를 버리면 재앙과 멸망이 있음을 경고하고 언약의 돌을 세워서 증거를 삼습니다.

행 4 제사장들과 사두개인들은 베드로와 요한을 잡아 가두고 심문합니다. 베드로와 요한은 공회 앞에서도 담대히 증언하기를 다른 이로써는 구원을 받을 수 없음을 가르치고 **오직 하나님을 섬기라**고 설교합니다. 대제사장과 관리들은 예수를 전하지 말라고 경고하나, 하나님의 말을 듣는 것이 너희의 말을 듣는 것보다 옳다 하며 하나님께 영광을 돌립니다.

렘 13 유다와 예루살렘의 교만은 썩어서 쓸모없는 허리띠와 같습니다. 하나님은 이스라엘과 유다의 온 집으로 내 백성이 되게 하여 명예와 영광을 주려 하셨으나 그들은 듣지 않았습니다. 교만을 버리고 **오직 하나님만 섬기는** 은혜의 자리로 나아가야 합니다. 그러지 않으면 주님께서 우리의 수치를 들어내실 것입니다.

마 27 예수님은 빌라도 총독의 심문을 받고 빌라도는 백성들을 두려워하여 아무 죄도 없는 예수님을 십자가에 못박게 넘겨 줍니다. 군병들과 군중들은 예수님을 모욕하나 예수님은 아무런 말씀도 없이 묵묵히 그 모욕을 견디시며 드디어 십자가에 달려 돌아가십니다. 그 모습을 보며 오히려 사람들의 입에서 진실로 하나님의 아들이었도다 라는 고백이 나옵니다. 그리고 **오직 하나님만 섬긴** 아리마대 요셉과 여인들은 예수님의 장례를 준비합니다.

말씀묵상

여호수아의 고별 설교를 듣고 이스라엘 백성들은 오직 여호와만 섬기기를 고백합니다. 베드로 역시 갖은 위협 속에서도 너희의 말 듣기보다 하나님을 섬기겠노라 말합니다. 우리는 나의 유익이나 교만을 버리고 하나님의 은혜의 자리로 나아가야 합니다. 예수님의 죽음 앞에서도 배반하지 않고 예수님을 끝까지 따르며 섬긴 마리아의 모습을 본받으며 살아가기를 다짐합니다.

말씀적용 오늘의 감사

말씀적용

오늘의 감감감

그래서 감사

그래도 감사

무조건 감사

말씀암송

행 4:12 [ ][ ] 이로써는 [ ][ ]을 받을 수 없나니 [ ][ ] 사람 중에 [ ][ ]을 받을 만한 [ ][ ] 이름을 우리에게 주신 일이 [ ][ ]이라 하였더라

말씀기도

❶ 다른 이로는 구원을 얻을 수 없음을 깨닫고 오직 하나님만 섬기는 우리 가정이 되게 하소서.

❷ 어떤 고난과 어려움이 와도 절대적으로 신뢰하는 믿음을 갖게 하소서.

❸ 십자가에서 끝까지 인내하고 희생하여 구원을 이루신 주님의 사랑과 은혜에 보답하는 삶을 살게 하소서.

말씀배경 지식

채찍질(마 27:26)

이 잔인한 고문은 뼈나 금속 조각을 깊숙이 박은 가죽 채찍으로 맨몸을 때리는 것이다. 이 고문은 십자가의 처형을 집행할 병사들에게 넘겨주기 전에 행해진다. 그런데 요한은 그것이 사형 집행의 첫 단계로써 이루어진 것이 아니라 피에 굶주린 군중을 만족시키기 위함이었다.

7월 18일 함께 하시는 하나님

199 일차 / 365

사사기 1장 | 사도행전 5장 | 예레미야 14장 | 마태복음 28장

사사기 1장 | 유다 지파와 함께 하시는 하나님

1:1 여호수아가 죽은 후에 이스라엘 자손이 여호와께 여쭈어 이르되 우리 가운데 누가 먼저 올라가서 가나안 족속과 싸우리이까

1:2 여호와께서 이르시되 유다가 올라갈지니라 보라 내가 이 땅을 그의 손에 넘겨 주었노라 하시니라

1:4 유다가 올라가매 여호와께서 가나안 족속과 브리스 족속을 그들의 손에 넘겨 주시니 그들이 베섹에서 만 명을 죽이고

1:8 유다 자손이 예루살렘을 쳐서 점령하여 칼날로 치고 그 성을 불살랐으며

1:9 그 후에 유다 자손이 내려가서 산지와 남방과 평지에 거주하는 가나안 족속과 싸웠고

1:19 여호와께서 유다와 함께 계셨으므로 그가 산지 주민을 쫓아내었으나 골짜기의 주민들은 철 병거가 있으므로 그들을 쫓아내지 못하였으며

1:22 요셉 가문도 벧엘을 치러 올라가니 여호와께서 그와 함께 하시니라

사도행전 5장 | 사도들과 함께 하시는 하나님

5:17 대제사장과 그와 함께 있는 사람 즉 사두개인의 당파가 다 마음에 시기가 가득하여 일어나서

5:18 사도들을 잡아다가 옥에 가두었더니

5:19 주의 사자가 밤에 옥문을 열고 끌어내어 이르되

5:27 그들을 끌어다가 공회 앞에 세우니 대제사장이 물어

5:29 베드로와 사도들이 대답하여 이르되 사람보다 하나님께 순종하는 것이 마땅하니라

5:41 사도들은 그 이름을 위하여 능욕 받는 일에 합당한 자로 여기심을 기뻐하면서 공회 앞을 떠나니라

5:42 그들이 날마다 성전에 있든지 집에 있든지 예수는 그리스도라고 가르치기와 전도하기를 그치지 아니하니라

오늘의 찬양 | 찬송가 430장 (주와 같이 길 가는 것)

주와 같이 길 가는 것 즐거운 일 아닌가 우리 주님 걸어가신 발자취를 밟겠네
한걸음 한걸음 주 예수와 함께 날마다 날마다 우리 걸어가리

예레미야 14장 | **예레미야와 함께 하시는 하나님**

14:1 가뭄에 대하여 예레미야에게 임한 여호와의 말씀이라

14:7 여호와여 우리의 죄악이 우리에게 대하여 증언할지라도 주는 주의 이름을 위하여 일하소
서 우리의 타락함이 많으니이다 우리가 주께 범죄하였나이다

14:11 여호와께서 또 내게 이르시되 너는 이 백성을 위하여 복을 구하지 말라

14:14 여호와께서 내게 이르시되 선지자들이 내 이름으로 거짓 예언을 하도다 나는 그들을 보
내지 아니하였고 그들에게 명령하거나 이르지 아니하였거늘 그들이 거짓 계시와 점술과 헛된
것과 자기 마음의 거짓으로 너희에게 예언하는도다

14:20 여호와여 우리의 악과 우리 조상의 죄악을 인정하나이다 우리가 주께 범죄하였나이다

14:21 주의 이름을 위하여 우리를 미워하지 마옵소서 주의 영광의 보좌를 욕되게 마옵소서 주
께서 우리와 세우신 언약을 기억하시고 폐하지 마옵소서

마태복음 28장 | **제자들과 함께 하시는 예수님**

28:1 안식일이 다 지나고 안식 후 첫날이 되려는 새벽에 막달라 마리아와 다른 마리아가 무덤
을 보려고 갔더니

28:9 예수께서 그들을 만나 이르시되 평안하냐 하시거늘 여자들이 나아가 그 발을 붙잡고 경배
하니

28:16 열한 제자가 갈릴리에 가서 예수께서 지시하신 산에 이르러

28:18 예수께서 나아와 말씀하여 이르시되 하늘과 땅의 모든 권세를 내게 주셨으니

28:19 그러므로 너희는 가서 모든 민족을 제자로 삼아 아버지와 아들과 성령의 이름으로 세례
를 베풀고

28:20 내가 너희에게 분부한 모든 것을 가르쳐 지키게 하라 볼지어다 내가 세상 끝날까지 너희
와 항상 함께 있으리라 하시니라

말씀연결 중심내용

삿 1 여호수아가 죽자 리더를 잃어버린 이스라엘 백성들은 여호와 하나님께 가나안 족속과 싸우는 방법에 대해서 묻습니다. 여호와 하나님께서 이스라엘과 함께 하시사 유다가 먼저 올라가 싸우라 가르쳐 주십니다. 유다 지파는 아도니 베섹을 잡고 예루살렘과 헤브론을 치고 거듭해서 드빌까지 치며 가나안 족속을 진멸합니다. 이런 많은 승리가 가능했던 이유는 유다와 **함께 하시는 하나님**의 능력 때문입니다. 하지만 아직 모든 가나안 주민을 쫓아내지는 못했습니다.

행 5 사도들은 대제사장과 사두개인들로 인해 옥에 갇히게 되었습니다. 주의 사자가 그들을 옥에서 끌어내었고 사도들은 공회 앞에서 예수님을 담대히 전했습니다. **함께 하시는 하나님**의 인도하심으로 사도들은 풀려났고 성전이든 집에서든 예수님은 그리스도이심을 가르치고 전도하기를 그치지 아니하였습니다.

렘 14 거짓 선지자들의 거짓 평강에 대한 선언을 예레미야는 탄식하며 주님께 눈물로 호소합니다. 예레미야와 **함께 하시는 하나님**은 거짓 선지자들은 칼과 기근에 망할 것이라고 말씀하십니다. 예레미야는 주의 이름을 위하여 백성들을 미워하지 마시고 유다에 대한 구원을 간구합니다.

마 28 부활하신 예수님은 막달라 마리아와 다른 마리아와 함께 하시며 평안을 빌어 주십니다. 그리고 갈릴리에서 열한 제자를 만나 사명을 부여하십니다. 모든 민족을 제자로 삼아 세례를 베풀고 예수님의 분부를 가르쳐 지키게 하십니다. 세상 끝날까지 **함께 하시는 예수님**의 약속을 받고 제자들은 사명을 감당하게 됩니다.

말씀묵상

여호수아가 없어도 유다와 함께 하시는 하나님, 감옥에 갇히는 위협 속에서도 복음을 증거하는 제자들, 거짓 선지자들을 두려워하지 않고 주님께 구원을 간구하는 예레미야를 보면서 하나님이 함께 하시면 못할 것이 없고 능히 사명을 감당할 수 있음을 알게 됩니다. 나 역시 하나님의 동행하심으로 하루하루 승리하는 삶을 살기를 다짐합니다.

말씀적용 오늘의 감사

말씀적용

오늘의 감감감

그래서 감사

그래도 감사

무조건 감사

말씀암송

행 5:29 □□□와 □□들이 대답하여 이르되 □□보다 □□□께 □□하는 것이 마땅하니라

말씀기도

❶ 모든 권세를 가지신 주님의 함께하심을 믿으며 사명에 충성하게 하소서.
❷ 함께 하시는 하나님을 기억하며 어떤 두려움도 이기고 당당하게 하소서.
❸ 주님이 주시는 승리와 평강을 누리게 하소서.

말씀배경 지식

사사기라는 명칭은,

여호수아의 죽음과 왕정 정치의 시작 사이의 기간 동안에 잇단 이방 압제로부터 이스라엘을 구한 지도자들(소패팀)로부터 비롯되었다.
소펫이란 용어는 영어의 재판관이 나타내는 것보다 더 넓은 의미를 함축하고 있다. 고대 카르타고와 우가리트에서 소펫은 문관이나 국가의 수뇌를 일컫는데 사용되었다. 사사들은 이스라엘 역사에 특별한 위기가 있을 때 하나님에 의해 세워진 능력을 받은 성령 충만한 자들이다.

7월 19일 구원이냐 심판이냐

200 일차 / 365

사사기 2장 | 사도행전 6장 | 예레미야 15장 | 마가복음 1장

사사기 2장 | 이방신을 섬김으로 심판의 길로 가는 이스라엘 자손들

2:8 여호와의 종 눈의 아들 여호수아가 백십 세에 죽으매

2:11 이스라엘 자손이 여호와의 목전에 악을 행하여 바알들을 섬기며

2:12 애굽 땅에서 그들을 인도하여 내신 그들의 조상들의 하나님 여호와를 버리고 다른 신들 곧 그들의 주위에 있는 백성의 신들을 따라 그들에게 절하여 여호와를 진노하시게 하였으되

2:16 여호와께서 사사들을 세우사 노략자의 손에서 그들을 구원하게 하셨으나

2:19 그 사사가 죽은 후에는 그들이 돌이켜 그들의 조상들보다 더욱 타락하여 다른 신들을 따라 섬기며 그들에게 절하고 그들의 행위와 패역한 길을 그치지 아니하였으므로

2:23 여호와께서 그 이방 민족들을 머물러 두사 그들을 속히 쫓아내지 아니하셨으며 여호수아의 손에 넘겨 주지 아니하셨더라

사도행전 6장 | 말씀이 흥왕하여 구원받는 제자의 수가 심히 많아짐

6:1 그 때에 제자가 더 많아졌는데 헬라파 유대인들이 자기의 과부들이 매일의 구제에 빠지므로 히브리파 사람을 원망하니

6:2 열두 사도가 모든 제자를 불러 이르되 우리가 하나님의 말씀을 제쳐 놓고 접대를 일삼는 것이 마땅하지 아니하니

6:3 형제들아 너희 가운데서 성령과 지혜가 충만하여 칭찬 받는 사람 일곱을 택하라 우리가 이 일을 그들에게 맡기고

6:4 우리는 오로지 기도하는 일과 말씀 사역에 힘쓰리라 하니

6:7 하나님의 말씀이 점점 왕성하여 예루살렘에 있는 제자의 수가 더 심히 많아지고 허다한 제사장의 무리도 이 도에 복종하니라

오늘의 찬양 | 날 구원하신 주 감사

날 구원 하신 주 감사 모든 것 주심 감사 지난 추억 인해 감사 주 내 곁에 계시네
향기로운 봄철에 감사 외로운 가을 날 감사 사라진 눈물도 감사 나의 영혼 평안해

예레미야 15장 | 예루살렘에 심판의 말씀을 선포하시는 하나님

15:1 여호와께서 내게 이르시되 모세와 사무엘이 내 앞에 섰다 할지라도 내 마음은 이 백성을 향할 수 없나니 그들을 내 앞에서 쫓아 내보내라

15:3 여호와의 말씀이니라 내가 그들을 네 가지로 벌하리니 곧 죽이는 칼과 찢는 개와 삼켜 멸하는 공중의 새와 땅의 짐승으로 할 것이며

15:5 예루살렘아 너를 불쌍히 여길 자 누구며 너를 위해 울 자 누구며 돌이켜 네 평안을 물을 자 누구냐

15:6 여호와께서 이르시되 네가 나를 버렸고 내게서 물러갔으므로 네게로 내 손을 펴서 너를 멸하였노니 이는 내가 뜻을 돌이키기에 지쳤음이로다

15:19 여호와께서 이와 같이 말씀하시되 네가 만일 돌아오면 내가 너를 다시 이끌어 내 앞에 세울 것이며 네가 만일 헛된 것을 버리고 귀한 것을 말한다면 너는 나의 입이 될 것이라 그들은 네게로 돌아오려니와 너는 그들에게로 돌아가지 말지니라

마가복음 1장 | 회개를 통해 심판에서 구원으로 이끄시는 예수님

1:1 하나님의 아들 예수 그리스도의 복음의 시작이라

1:4 세례 요한이 광야에 이르러 죄 사함을 받게 하는 회개의 세례를 전파하니

1:14 요한이 잡힌 후 예수께서 갈릴리에 오셔서 하나님의 복음을 전파하여

1:15 이르시되 때가 찼고 하나님의 나라가 가까이 왔으니 회개하고 복음을 믿으라 하시더라

1:16 갈릴리 해변으로 지나가시다가 시몬과 그 형제 안드레가 바다에 그물 던지는 것을 보시니 그들은 어부라

1:17 예수께서 이르시되 나를 따라오라 내가 너희로 사람을 낚는 어부가 되게 하리라 하시니

1:32 저물어 해 질 때에 모든 병자와 귀신 들린 자를 예수께 데려오니

1:33 온 동네가 그 문 앞에 모였더라

1:34 예수께서 각종 병이 든 많은 사람을 고치시며 많은 귀신을 내쫓으시되 귀신이 자기를 알므로 그 말하는 것을 허락하지 아니하시니라

말씀연결 중심내용

삿 2 여호수아가 죽고나서 이스라엘 자손들은 여호와의 목전에서 악을 행하고 바알과 아스다롯을 섬깁니다. 여호와께서 사사들을 세우실 때에는 이스라엘을 대적의 손에서 **구원**해 주셨으나 사사가 죽은 후에는 더욱 타락하는 패역한 길로 행합니다. 결국 여호와께서 이스라엘에게 진노하셔서 **심판**을 결정하시고 재앙을 내리시며 이방 민족들을 이스라엘의 손에 넘겨주지 아니하십니다.

행 6 사도들은 성령과 지혜가 충만한 일곱 사람을 세워 그들로 하여금 구제 사역을 감당케 하고, 자신들은 오로지 기도와 말씀 사역에 힘씁니다. 그 결과, 하나님의 말씀이 점점 왕성하여 제자의 수가 더 심히 많아지고 제사장들도 복종하기까지 **구원**받는 무리가 많아집니다.

렘 15 여호와께서 예루살렘에 분노하시사 죽음과 칼과 기근과 포로됨으로 나아갈지니라고 하십니다. 그리고 그들을 네 가지로 **심판**하시겠다고 말씀하십니다. 죽이는 칼, 찢는 개, 삼켜 멸하는 공중의 새와 땅의 짐승입니다. 예레미야는 하나님께 기도하며 자기를 기억하시사 분노를 멈춰달라고 간구합니다. 그러자 여호와께서는 만일 이들이 돌아오면 악한 자의 손에서 **구원**하시겠다고 약속하십니다.

막 1 세례 요한이 광야에서 회개의 세례를 전파합니다. 예수님은 요한이 잡힌 후부터 하나님 나라의 복음을 전하시고 어부들을 제자로 부르시며 각종 병자와 귀신 들린 자들을 고치십니다. 예수님은 **심판**받을 수 밖에 없는 죄인들에게 죄사함을 통한 **구원**을 주시는 분이십니다.

말씀묵상

이스라엘은 그들의 돌이킴을 위해 사사까지 보내셨음에도 결국 이방신을 섬겨 심판의 길로 나아갑니다. 예레미야는 심판하시는 하나님께 긍휼과 구원을 간구합니다. 사도들이 말씀 사역에 전념하자 구원받는 무리들이 왕성해집니다. 예수님은 죄사함을 통한 구원을 주시는 우리의 구세주이십니다. 구원은 여호와께 있음을 알고 주님만을 의지하기로 다짐합니다.

말씀적용 오늘의 감사

말씀적용

오늘의 감감감

그래서 감사

그래도 감사

무조건 감사

말씀암송

행 6:7 하나님의 □□이 점점 □□하여 예루살렘에 있는 □□의 수가 더 심히 □□□□ 허다한 □□□의 무리도 이 도에 □□하니라

말씀기도

❶ 여전히 죄를 짓는 이스라엘 백성들일지라도 회개하고 돌아오기만 하면 구원하시겠다 하시는 하나님의 사랑에 감사와 찬미를 올려 드립니다.

❷ 오로지 기도와 말씀으로 구원에 이르는 신실한 믿음을 갖게 하소서.

❸ 때로는 믿음 가운데 거하지만 또 다시 넘어지는 약한 내 모습일지라도 사랑하시는 예수님의 은혜에 감사하며 살아가게 하소서.

말씀배경 지식

마가복음의 여러 가지 뚜렷한 특색은

복음서들 중에서도 돋보인다. 저술의 태도는 현장감 있고, 박진감 넘치며, 극적으로 묘사되었다. 생생한 사실주의는 마가의 문체와 사건에 대한 그의 간결한 보고의 특징을 드러내고 있다. 그의 표현은 실제로 목격한 자에게서 발견되는 현장감 넘치는 취재의 특성을 드러낸다.

마가는 그리스도의 탄생과 그의 처음 30년간의 생애의 과정을 생략했다. 대신에 마가는 총 16장 중에 거의 여섯 장의 분량을 수난주간의 내용을 기록하고 있다.

7월 20일

201 일차 / 365

여호와의 영

사사기 3장 | 사도행전 7장 | 예레미야 16장 | 마가복음 2장

사사기 3장 | 사사들에게 임한 여호와의 영

3:7 이스라엘 자손이 여호와의 목전에 악을 행하여 자기들의 하나님 여호와를 잊어버리고 바알들과 아세라들을 섬긴지라

3:8 여호와께서 이스라엘에게 진노하사 그들을 메소보다미아 왕 구산 리사다임의 손에 파셨으므로 이스라엘 자손이 구산 리사다임을 팔 년 동안 섬겼더니

3:9 이스라엘 자손이 여호와께 부르짖으매 여호와께서 이스라엘 자손을 위하여 한 구원자를 세워 그들을 구원하게 하시니 그는 곧 갈렙의 아우 그나스의 아들 옷니엘이라

3:15 이스라엘 자손이 여호와께 부르짖으매 여호와께서 그들을 위하여 한 구원자를 세우셨으니 그는 곧 베냐민 사람 게라의 아들 왼손잡이 에훗이라 이스라엘 자손이 그를 통하여 모압 왕 에글론에게 공물을 바칠 때에

3:31 에훗 후에는 아낫의 아들 삼갈이 있어 소 모는 막대기로 블레셋 사람 육백 명을 죽였고 그도 이스라엘을 구원하였더라

사도행전 7장 | 스데반 집사에 임한 여호와의 영

7:51 목이 곧고 마음과 귀에 할례를 받지 못한 사람들아 너희도 너희 조상과 같이 항상 성령을 거스르는도다

7:53 너희는 천사가 전한 율법을 받고도 지키지 아니하였도다 하니라

7:54 그들이 이 말을 듣고 마음에 찔려 그를 향하여 이를 갈거늘

7:55 스데반이 성령 충만하여 하늘을 우러러 주목하여 하나님의 영광과 및 예수께서 하나님 우편에 서신 것을 보고

7:59 그들이 돌로 스데반을 치니 스데반이 부르짖어 이르되 주 예수여 내 영혼을 받으시옵소서 하고

7:60 무릎을 꿇고 크게 불러 이르되 주여 이 죄를 그들에게 돌리지 마옵소서 이 말을 하고 자니라

오늘의 찬양 | 찬송가 435장 (나의 영원하신 기업)

나의 영원하신 기업 생명보다 귀하다 나의 갈 길 다가도록 나와 동행하소서
주께로 가까이 주께로 가오니 나의 갈 길 다 가도록 나와 동행하소서

예레미야 16장 | 예레미야에 임한 여호와의 영

16:1 여호와의 말씀이 또 내게 임하여 이르시되

16:5 여호와께서 이와 같이 말씀하시되 초상집에 들어가지 말라 가서 통곡하지 말며 그들을 위
하여 애곡하지 말라 내가 이 백성에게서 나의 평강을 빼앗으며 인자와 사랑을 제함이라 여호와
의 말씀이니라

16:9 만군의 여호와 이스라엘의 하나님께서 이와 같이 말씀하시니라 보라 기뻐하는 소리와 즐
거워하는 소리와 신랑의 소리와 신부의 소리를 내가 네 목전, 네 시대에 이 곳에서 끊어지게 하
리라

16:11 너는 그들에게 대답하기를 여호와께서 말씀하시되 너희 조상들이 나를 버리고 다른 신
들을 따라서 그들을 섬기며 그들에게 절하고 나를 버려 내 율법을 지키지 아니하였음이라

16:18 내가 우선 그들의 악과 죄를 배나 갚을 것은 그들이 그 미운 물건의 시체로 내 땅을 더럽
히며 그들의 가증한 것으로 내 기업에 가득하게 하였음이라

마가복음 2장 | 믿음으로 역사하는 여호와의 영

2:1 수 일 후에 예수께서 다시 가버나움에 들어가시니 집에 계시다는 소문이 들린지라

2:2 많은 사람이 모여서 문 앞까지도 들어설 자리가 없게 되었는데 예수께서 그들에게 도를 말
씀하시더니

2:3 사람들이 한 중풍병자를 네 사람에게 메워 가지고 예수께로 올새

2:4 무리들 때문에 예수께 데려갈 수 없으므로 그 계신 곳의 지붕을 뜯어 구멍을 내고 중풍병자
가 누운 상을 달아 내리니

2:5 예수께서 그들의 믿음을 보시고 중풍병자에게 이르시되 작은 자야 네 죄 사함을 받았느니
라 하시니

2:17 예수께서 들으시고 그들에게 이르시되 건강한 자에게는 의사가 쓸 데 없고 병든 자에게라
야 쓸 데 있느니라 나는 의인을 부르러 온 것이 아니요 죄인을 부르러 왔노라 하시니라

2:28 이러므로 인자는 안식일에도 주인이니라

말씀연결 중심내용

삿 3 이스라엘 자손이 여호와의 목전에서 악을 행하고 바알과 아세라를 섬길 때 여호와께서 진노하사 사사들을 세우십니다. **여호와의 영**이 옷니엘에게 임하셔서 메소보다미아왕 구산 리사다임을 이기게 하십니다. 두 번째 사사 에훗은 모압왕 에글론을 죽이고, 세 번째 사사 삼갈은 블레셋 사람 육백명을 죽이고 이스라엘을 구원해 냅니다.

행 7 스데반은 공회에 앉은 대제사장을 비롯한 많은 사람들에게 아브라함 때부터 솔로몬 때까지 이스라엘의 역사를 설교합니다. 야곱, 요셉, 모세, 여호수아. 다윗, 솔로몬까지 함께 하신 하나님의 역사하심을 설교하자 그들은 마음에 찔려 스데반을 돌로 칩니다. **여호와의 영**이 충만한 스데반은 그들의 죄를 사하시기를 간구하며 순교합니다.

렘 16 예레미야에게 **여호와의 영**이 임하사 이스라엘에게 하나님의 진노가 임하게 됨을 선포하게 하십니다. 그들이 여호와를 버리고 다른 신들을 따랐고 여호와의 율법을 지키지 않았기 때문입니다. 여호와께서는 거듭 그들의 악과 죄를 배나 갚겠다고 심판을 말씀하십니다.

막 2 가버나움에서 많은 사람들이 예수님의 말씀을 들을 때 한 중풍병자는 예수님께로 갈 수 없었습니다. 친구 네 사람이 지붕을 뜯어 그가 누운 상을 달아 내립니다. 예수님께서는 그들의 믿음을 보시고 죄를 사하시며 **예수님의 영**으로 그를 고쳐 주십니다. 예수님께서는 병든 자와 죄인을 부르러 오심을 선포하고 인자는 안식일의 주인이심을 가르쳐 주십니다.

말씀묵상

하나님은 이스라엘 백성들이 회개하고 부르짖을 때 그들을 위해 사사를 준비하시고 여호와의 영이 임하게 하사 구원해 주십니다. 그러나 다시 배교하고 이방 신을 따르자 예레미야를 통해 하나님의 진노를 선포합니다. 예수님은 병자와 죄인을 위해 오셨습니다. 스데반은 모인 무리들에게 여호와의 영이 임해 복음을 전파하다가 순교합니다. 스데반과 같은 절대적인 믿음으로 하나님의 복음을 전파하며 살아가기를 결단합니다.

말씀적용 오늘의 감사

말씀적용

오늘의 감감감

그래서 감사

그래도 감사

무조건 감사

말씀암송

막 2:17 ☐☐께서 듣으시고 그들에게 이르시되 ☐☐☐ 자에게는 ☐☐가 쓸 데 없고 ☐☐ 자에게라야 쓸 데 있느니라 나는 ☐☐을 부르러 온 것이 아니요 ☐☐을 부르러 왔노라 하시니라

말씀기도

❶ 배교한 이스라엘도 회개하기만 하면 구원해 주시는 긍휼의 하나님을 찬양합니다.
❷ 죄를 숨기지말고 죄 사함의 권세를 가지신 예수님께 고백하고 사함 받는 은혜를 누리게 하옵소서.
❸ 마음의 찔림을 넘어 삶의 변화와 돌이킴까지 이어지는 참 회개의 삶을 살게 하소서.

말씀배경 지식

지붕을 뜯어 (막 2:4)

고대의 평평한 지붕이 있는 집에는 지붕으로 올라가는 계단이 있었다. 그래서 침상을 멘 사람들은 큰 어려움 없이 중풍병자를 지붕으로 올릴 수 있었다. 당시 지붕은 짚, 석회, 판자, 흙 기와 등으로 되어 있는 지붕을 파내었다. 중풍병자의 치유는 죄를 용서하는 주님의 능력과 이에 따른 그의 신성을 증언하는 것이다.

7월 21일 인도하심

201 일차 / 365

사사기 4장 | 사도행전 8장 | 예레미야 17장 | 마가복음 3장

사사기 4장 | 여호와의 인도하심을 받는 사사 드보라

4:1 에훗이 죽으니 이스라엘 자손이 또 여호와의 목전에 악을 행하매

4:2 여호와께서 하솔에서 통치하는 가나안 왕 야빈의 손에 그들을 파셨으니 그의 군대 장관은 하로셋 학고임에 거주하는 시스라요

4:4 그 때에 랍비돗의 아내 여선지자 드보라가 이스라엘의 사사가 되었는데

4:14 드보라가 바락에게 이르되 일어나라 이는 여호와께서 시스라를 네 손에 넘겨 주신 날이라 여호와께서 너에 앞서 나가지 아니하시느냐 하는지라 이에 바락이 만 명을 거느리고 다볼 산에서 내려가니

4:15 여호와께서 바락 앞에서 시스라와 그의 모든 병거와 그의 온 군대를 칼날로 혼란에 빠지게 하시매 시스라가 병거에서 내려 걸어서 도망한지라

4:16 바락이 그의 병거들과 군대를 추격하여 하로셋학고임에 이르니 시스라의 온 군대가 다 칼에 엎드러졌고 한 사람도 남은 자가 없었더라

사도행전 8장 | 주의 사자의 인도하심을 받는 빌립

8:5 빌립이 사마리아 성에 내려가 그리스도를 백성에게 전파하니

8:6 무리가 빌립의 말도 듣고 행하는 표적도 보고 한마음으로 그가 하는 말을 따르더라

8:26 주의 사자가 빌립에게 말하여 이르되 일어나서 남쪽으로 향하여 예루살렘에서 가사로 내려가는 길까지 가라 하니 그 길은 광야라

8:27 일어나 가서 보니 에디오피아 사람 곧 에디오피아 여왕 간다게의 모든 국고를 맡은 관리인 내시가 예배하러 예루살렘에 왔다가

8:28 돌아가는데 수레를 타고 선지자 이사야의 글을 읽더라

8:35 빌립이 입을 열어 이 글에서 시작하여 예수를 가르쳐 복음을 전하니

8:38 이에 명하여 수레를 멈추고 빌립과 내시가 둘 다 물에 내려가 빌립이 세례를 베풀고

오늘의 찬양 | 찬송가 384장 (나의 갈 길 다 가도록)

나의 갈 길 다 가도록 예수 인도하시니 내 주 안에 있는 긍휼 어찌 의심하리요
믿음으로 사는 자는 하늘 위로 받겠네 무슨 일을 만나든지 만사 형통 하리라
무슨 일을 만나든지 만사 형통 하리라

예레미야 17장 | 유다의 죄에 대한 메세지를 받는 예레미야

17:1 유다의 죄는 금강석 끝 철필로 기록되되 그들의 마음 판과 그들의
제단 뿔에 새겨졌거늘

17:2 그들의 자녀가 높은 언덕 위 푸른 나무 곁에 있는 그 제단들과 아
세라들을 생각하도다

17:5 여호와께서 이와 같이 말씀하시니라 무릇 사람을 믿으며 육신으로
그의 힘을 삼고 마음이 여호와에게서 떠난 그 사람은 저주를 받을 것이라

17:7 그러나 무릇 여호와를 의지하며 여호와를 의뢰하는 그 사람은 복
을 받을 것이라

17:19 여호와께서 내게 이와 같이 말씀하시되 너는 가서 유다 왕들이
출입하는 평민의 문과 예루살렘 모든 문에 서서

17:23 그들은 순종하지 아니하며 귀를 기울이지 아니하며 그 목을 곧게
하여 듣지 아니하며 교훈을 받지 아니하였느니라

마가복음 3장 | 열두 제자를 인도하시는 예수님

3:1 예수께서 다시 회당에 들어가시니 한쪽 손 마른 사람이 거기 있는지라

3:3 예수께서 손 마른 사람에게 이르시되 한 가운데에 일어서라 하시고

3:13 또 산에 오르사 자기가 원하는 자들을 부르시니 나아온지라

3:14 이에 열둘을 세우셨으니 이는 자기와 함께 있게 하시고 또 보내사
전도도 하며

3:15 귀신을 내쫓는 권능도 가지게 하려 하심이러라

3:28 내가 진실로 너희에게 이르노니 사람의 모든 죄와 모든 모독하는
일은 사하심을 얻되

3:29 누구든지 성령을 모독하는 자는 영원히 사하심을 얻지 못하고 영
원한 죄가 되느니라 하시니

3:35 누구든지 하나님의 뜻대로 행하는 자가 내 형제요 자매요 어머니
이니라

말씀연결 중심내용

삿 4 에훗의 죽음 이후에 이스라엘 자손은 또다시 악을 행하여 야빈 왕이 이스라엘을 20년 동안 학대합니다. 여선지자 드보라가 사사가 되어 바락에게 여호와의 **인도하심**을 전합니다. 바락은 여호와와 드보라 사사의 **인도하심**을 받아 야빈 왕의 군대장관 시스라의 군대를 칼에 엎드러지게 합니다. 시스라는 야엘에 의해 관자놀이에 말뚝을 박혀 죽게 됩니다.

행 8 주의 사자가 빌립 사도에게 남쪽으로 내려가도록 인도하십니다. **인도하심**을 받아 내려가니 에디오피아 여왕의 국고를 맡은 내시를 만나 예수를 가르쳐 복음을 전합니다. 내시에게 세례를 베풀고 나서 빌립은 아소도에서 복음을 전하고 가이사랴에 이릅니다.

렘 17 유다의 죄는 여호와로부터 마음이 떠난 것입니다. 그러나 무릇 여호와의 **인도하심**을 받아 회개하고 주를 의지하며 의뢰하는 자는 복을 받을 것입니다. 하지만 유다는 순종하지 아니하며 목이 곧아서 교훈을 받지 아니하고 안식일을 거룩하게 하지 않는 죄를 범했습니다.

막 3 예수님은 손 마른 사람을 고치시고 병든 자들과 귀신들린 자들을 고치신 후 열두 제자를 **인도하여 부르십니다.** 제자들로 하여금 전도도 하며 귀신을 내쫓는 권능도 가지게 하십니다. 누구든지 하나님의 뜻대로 행할 때 예수님의 가족이 될 수 있으나 성령을 모독하면 영원히 죄를 사함 받지 못함을 가르치십니다.

말씀암송

렘 17:7

그러나 무릇 ☐☐☐를 ☐☐하며 여호와를 ☐☐하는 그 사람은 ☐을 받을 것이라

말씀묵상

여호와의 인도하심을 받는 드보라와 바락, 주의 사자의 인도하심을 받는 빌립과 내시, 여호와의 인도하심을 받지 않고 마음이 떠난 유다 백성들, 예수님의 인도하심을 받는 열두 제자들을 보면서, 주의 백성으로서 하나님의 인도하심 따라 살아가기를 다짐합니다.

말씀적용 오늘의 감사

말씀적용

오늘의 감감감

그래서 감사

그래도 감사

무조건 감사

말씀기도

❶ 지금껏 나의 삶을 인도하신 주님의 은혜에 감사의 찬송을 올려 드립니다.
❷ 빌립 사도처럼 때를 얻든지 못 얻든지 복음을 전하는 삶을 살게 하소서.
❸ 여호와를 의지하며 하나님의 뜻대로 행하는 자가 되게 하소서.

말씀배경 지식

에디오피아 여왕 간다게(행 8:27)

고유명사가 아니고 직위의 호칭이다. 에디오피아 왕은 태양의 아들로 여겨졌으며, 따라서 너무 신성하기 때문에 통치의 실질적 기능을 수행하지 않았다. 따라서 황태후(현 국왕의 어머니)가 간다게로 불렸고 그 통치권을 행사했다.

7월 22일 공의로우심

202 일차 / 365

사사기 5장 | 사도행전 9장 | 예레미야 18장 | 마가복음 4장

사사기 5장 | 드보라와 바락이 노래하는 여호와의 공의로우심

5:1 이 날에 드보라와 아비노암의 아들 바락이 노래하여 이르되

5:2 이스라엘의 영솔자들이 영솔하였고 백성이 즐거이 헌신하였으니 여호와를 찬송하라

5:9 내 마음이 이스라엘의 방백을 사모함은 그들이 백성 중에서 즐거이 헌신하였음이니 여호와를 찬송하라

5:11 활 쏘는 자들의 소리로부터 멀리 떨어진 물 긷는 곳에서도 여호와의 공의로우신 일을 전하라 이스라엘에서 마을 사람들을 위한 의로우신 일을 노래하라 그 때에 여호와의 백성이 성문에 내려갔도다

5:17 길르앗은 요단 강 저쪽에 거주하며 단은 배에 머무름이 어찌 됨이냐 아셀은 해변에 앉으며 자기 항만에 거주하도다

사도행전 9장 | 핍박자 사울을 복음의 사도로 택하신 하나님의 공의로우심

9:1 사울이 주의 제자들에 대하여 여전히 위협과 살기가 등등하여 대제사장에게 가서

9:2 다메섹 여러 회당에 가져갈 공문을 청하니 이는 만일 그 도를 따르는 사람을 만나면 남녀를 막론하고 결박하여 예루살렘으로 잡아오려 함이라

9:3 사울이 길을 가다가 다메섹에 가까이 이르더니 홀연히 하늘로부터 빛이 그를 둘러 비추는지라

9:4 땅에 엎드러져 들으매 소리가 있어 이르시되 사울아 사울아 네가 어찌하여 나를 박해하느냐 하시거늘

9:5 대답하되 주여 누구시니이까 이르시되 나는 네가 박해하는 예수라

9:15 주께서 이르시되 가라 이 사람은 내 이름을 이방인과 임금들과 이스라엘 자손들에게 전하기 위하여 택한 나의 그릇이라

9:28 사울이 제자들과 함께 있어 예루살렘에 출입하며

9:31 그리하여 온 유대와 갈릴리와 사마리아 교회가 평안하여 든든히

오늘의 찬양 | 찬송가 67장 (영광의 왕께 다 경배하며)

영광의 왕께 다 경배하며 그 크신 사랑 늘 찬송하라
예부터 영원히 참 방패시니 그 영광의 주를 다 찬송하라

서 가고 주를 경외함과 성령의 위로로 진행하여 수가 더 많아지니라

예레미야 18장 | 회개하면 살려주시는 공의로우신 하나님을 거역하는 이스라엘

18:1 여호와께로부터 예레미야에게 임한 말씀에 이르시되

18:2 너는 일어나 토기장이의 집으로 내려가라 내가 거기에서 내 말을 네게 들려 주리라 하시기로

18:6 여호와의 말씀이니라 이스라엘 족속아 이 토기장이가 하는 것 같이 내가 능히 너희에게 행하지 못하겠느냐 이스라엘 족속아 진흙이 토기장이의 손에 있음 같이 너희가 내 손에 있느니라

18:8 만일 내가 말한 그 민족이 그의 악에서 돌이키면 내가 그에게 내리기로 생각하였던 재앙에 대하여 뜻을 돌이키겠고

18:12 그러나 그들이 말하기를 이는 헛되니 우리는 우리의 계획대로 행하며 우리는 각기 악한 마음이 완악한 대로 행하리라 하느니라

마가복음 4장 | 풍성한 열매를 맺게 해주시는 하나님의 공의로우심

4:2 이에 예수께서 여러 가지를 비유로 가르치시니 그 가르치시는 중에 그들에게 이르시되

4:3 들으라 씨를 뿌리는 자가 뿌리러 나가서

4:8 더러는 좋은 땅에 떨어지매 자라 무성하여 결실하였으니 삼십 배나 육십 배나 백 배가 되었느니라 하시고

4:30 또 이르시되 우리가 하나님의 나라를 어떻게 비교하며 또 무슨 비유로 나타낼까

4:31 겨자씨 한 알과 같으니 땅에 심길 때에는 땅 위의 모든 씨보다 작은 것이로되

4:32 심긴 후에는 자라서 모든 풀보다 커지며 큰 가지를 내나니 공중의 새들이 그 그늘에 깃들일 만큼 되느니라

말씀연결 중심내용

삿 5 가나안 왕 야빈을 물리친 후 드보라와 바락은 승리를 주신 하나님을 찬양하며 기쁨으로 노래합니다. 여호와의 **공의로우심**을 전하는 주의 백성들은 승리의 개가를 부릅니다. 하지만 르우벤, 길르앗, 단, 아셀 지파는 자신들의 안위만 생각하며 헌신하지 않았습니다.

행 9 예수 믿는 사람들을 많이 죽인 사울은 결코 예수님을 따르는 자가 될 수 없었습니다. 그러나 하나님의 **공의로우심**으로 사울은 복음을 위해 선택받고 다메섹 도상에서 눈이 멀고 다시 보게 되었습니다. 사울이 거듭난 후 예루살렘에 내려가서 복음을 전할 때 바나바는 그를 도와주었고 주를 경외함과 성령의 위로로 믿는 자의 수가 많아지는 은혜가 일어났습니다.

렘 18 토기장이가 자기의 뜻대로 토기를 만들 듯이 이스라엘의 운명은 하나님의 **공의로우심**에 달려 있습니다. 만일 악에서 돌이키면 재앙을 거두시겠다고 말씀하시지만 하나님의 은혜를 저버리고 이스라엘은 가증한 일을 행합니다. 급기야 그들은 여호와의 말을 선포하는 예레미야를 죽이려고 합니다.

막 4 예수님께서는 네 가지 땅에 떨어진 씨 비유를 통해서 우리의 마음 밭이 좋은 땅이 되어 풍성한 열매를 맺어야 함을 가르치셨습니다. 하나님의 나라는 겨자씨 한 알처럼 처음에는 작으나 자란 후에는 큰 가지를 내게 됩니다. **하나님의 공의로우심**은 믿는 사람들을 좋은 땅의 씨앗처럼, 겨자씨처럼 삼십 배, 육십 배, 백 배의 결실을 맺게 해 주십니다.

말씀암송

렘 18:6 여호와의 □□이니라 □□□□ 족속아 이 □□□□가 하는 것 같이 내가 □□ 너희에게 □하지 못하겠느냐 □□□□족속아 □□이 토기장이의 □에 있음 같이 너희가 □ 손에 있느니라

말씀묵상

여호와의 공의를 찬양하는 드보라와 바락의 노래, 사울을 택하신 하나님의 공의, 이스라엘을 빚으시는 토기장이 하나님의 공의, 씨뿌리는 비유로 가르치시는 예수님의 공의. 내가 택함받음도 다 하나님의 사랑과 공의의 결과입니다. 그 뜻에 어긋나지 않게 신실하게 살아가기를 다짐합니다.

말씀적용 오늘의 감사

말씀적용

오늘의 감감감

그래서 감사

그래도 감사

무조건 감사

말씀기도

❶ 죄 많은 사울도 선택하여 복음의 사역자로 삼으신 하나님의 은혜를 찬양합니다.
❷ 세상의 유혹과 욕심에 넘어지지 않고 말씀을 따라 충성되게 살게 하소서.
❸ 좋은 땅을 만들어 풍성한 열매 맺는 삶이 되게 하소서.

말씀배경 지식

토기장이(렘 18:6)

열방의 토기장이 되시는 하나님은 절대 주권자이시다. 그렇지만 그의 주권은 자기 피조물들의 의지에 반응하는 주권이다. 여기에서 유추는 단절된다. 인간은 예레미야의 비유 속에 나타나는 토기장이의 진흙처럼 수동적이 아니다. 만일, 이스라엘이 회개만 한다면, 하나님은 지금도 이스라엘을 영광스런 그릇으로 만드실 것이다.

7월 23일 말씀을 따르는 삶

203 일차 / 365

사사기 6장 | 사도행전 10장 | 예레미야 19장 | 마가복음 5장

사사기 6장 | 양털 표징으로 하나님의 말씀을 따르는 기드온

6:7 이스라엘 자손이 미디안으로 말미암아 여호와께 부르짖었으므로

6:8 여호와께서 이스라엘 자손에게 한 선지자를 보내시니 그가 그들에게 이르되 여호와께서 이같이 말씀하시기를 이스라엘의 하나님 내가 너희를 애굽에서 인도하여 내며 너희를 그 종 되었던 집에서 나오게 하여

6:12 여호와의 사자가 기드온에게 나타나 이르되 큰 용사여 여호와께서 너와 함께 계시도다 하매

6:17 기드온이 그에게 대답하되 만일 내가 주께 은혜를 얻었사오면 나와 말씀하신 이가 주 되시는 표징을 내게 보이소서

6:37 보소서 내가 양털 한 뭉치를 타작 마당에 두리니 만일 이슬이 양털에만 있고 주변 땅은 마르면 주께서 이미 말씀하심 같이 내 손으로 이스라엘을 구원하실 줄을 내가 알겠나이다 하였더니

6:38 그대로 된지라 이튿날 기드온이 일찍이 일어나서 양털을 가져다가 그 양털에서 이슬을 짜니 물이 그릇에 가득하더라

사도행전 10장 | 말씀을 따라 이방인 선교를 하는 베드로

10:13 또 소리가 있으되 베드로야 일어나 잡아 먹어라 하거늘

10:14 베드로가 이르되 주여 그럴 수 없나이다 속되고 깨끗하지 아니한 것을 내가 결코 먹지 아니하였나이다 한대

10:15 또 두 번째 소리가 있으되 하나님께서 깨끗하게 하신 것을 네가 속되다 하지 말라 하더라

10:28 이르되 유대인으로서 이방인과 교제하며 가까이 하는 것이 위법인 줄은 너희도 알거니와 하나님께서 내게 지시하사 아무도 속되다 하거나 깨끗하지 않다 하지 말라 하시기로

10:45 베드로와 함께 온 할례 받은 신자들이 이방인들에게도 성령 부어 주심으로 말미암아 놀라니

10:48 명하여 예수 그리스도의 이름으로 세례를 베풀라 하니라 그들이 베드로에게 며칠 더 머물기를 청하니라

오늘의 찬양 | 찬송가 204장 (주의 말씀 듣고서)

주의 말씀 듣고서 준행하는 자는 반석 위에 터 닦고 집을 지음 같아
비가 오고 물 나며 바람 부딪쳐도 반석 위에 세운 집 무너지지 않네
잘 짓고 잘 짓세 우리 집 잘 짓세 만세 반석 위에 다 우리 집 잘 짓세

예레미야 19장 | 말씀을 따르지 않아 재앙을 받는 유다와 예루살렘

19:3 말하기를 너희 유다 왕들과 예루살렘 주민아 여호와의 말씀을 들으라 만군의 여호와 이스
라엘의 하나님이 이같이 말씀하시되 보라 내가 이 곳에 재앙을 내릴 것이라 그것을 듣는 모든
자의 귀가 떨리니

19:5 또 그들이 바알을 위하여 산당을 건축하고 자기 아들들을 바알에게 번제로 불살라 드렸나
니 이는 내가 명령하거나 말하거나 뜻한 바가 아니니라

19:10 너는 함께 가는 자의 목전에서 그 옹기를 깨뜨리고

19:11 그들에게 이르기를 만군의 여호와께서 이와 같이 말씀하시되 사람이 토기장이의 그릇
을 한 번 깨뜨리면 다시 완전하게 할 수 없나니 이와 같이 내가 이 백성과 이 성읍을 무너뜨리리
니 도벳에 매장할 자리가 없을 만큼 매장하리라

19:14 예레미야가 여호와께서 자기를 보내사 예언하게 하신 도벳에서 돌아와 여호와의 집 뜰
에 서서 모든 백성에게 말하되

19:15 만군의 여호와 이스라엘의 하나님께서 이와 같이 말씀하시되 보라 내가 이 성읍에 대하
여 선언한 모든 재앙을 이 성읍과 그 모든 촌락에 내리리니 이는 그들의 목을 곧게 하여 내 말을
듣지 아니함이라 하시니라

마가복음 5장 | 말씀으로 명하사 고치시는 예수님

5:1 예수께서 바다 건너편 거라사인의 지방에 이르러

5:2 배에서 나오시매 곧 더러운 귀신 들린 사람이 무덤 사이에서 나와 예수를 만나니라

5:8 이는 예수께서 이미 그에게 이르시기를 더러운 귀신아 그 사람에게서 나오라 하셨음이라

5:25 열두 해를 혈루증으로 앓아 온 한 여자가 있어

5:34 예수께서 이르시되 딸아 네 믿음이 너를 구원하였으니 평안히 가라 네 병에서 놓여 건강할지
어다

5:41 그 아이의 손을 잡고 이르시되 달리다굼 하시니 번역하면 곧 내가 네게 말하노니 소녀야 일
어나라 하심이라

5:42 소녀가 곧 일어나서 걸으니 나이가 열두 살이라 사람들이 곧 크게 놀라고 놀라거늘

말씀연결 중심내용

삿 6 여호와의 사자가 기드온에게 나타나 큰 용사여 너희 힘으로 이스라엘을 미디안의 손에서 구원하라고 명했습니다. 기드온은 여호와께서 그를 사사로 세우려 할 때 스스로 작은 자라고 부인하며 두려워했습니다. 하지만 결국은 **말씀을 따르는 삶**을 실천하고자 '나와 말씀하신 이가 주 되신 표징을 달라'고 청했습니다. 하나님께서 기드온의 요청대로 양털이 젖고 마름을 통해 확증을 주셨습니다.

행 10 베드로는 유대인으로써 이방인과 교제하는 것을 위법으로 알았습니다. 하지만 하나님께서 깨끗하게 하셨으니 하나님의 **말씀을 따르는 삶**을 실천하기로 결단합니다. 베드로는 이방인들에게도 성령을 부어주심을 체험하고 그들에게 세례를 베풉니다.

렘 19 **말씀을 따르는 삶**을 살지 않으면 돌이킬 수 없는 심판을 받게 됩니다. 유다 왕들이 다른 신들에게 제사하고 바알의 신당을 세워 자기 아들들을 번제로 불살랐으니 하나님은 그들을 매장하시겠다고 하십니다. 토기장이의 그릇을 한번 깨뜨리면 완전할 수 없음같이 이스라엘의 불순종으로 재앙이 선포된 것입니다.

막 5 예수님께서 거라사인의 지방에서 군대 귀신 들린 사람에게서 귀신이 나가게 하십니다. 죽었던 야이로의 딸을 살리시고 열두 해 혈루증 앓던 여인을 고치십니다. 예수님께서 더러운 귀신에게 명할 때 **말씀대로** 귀신이 물러가고, 혈루증 여인에게 네 믿음이 너를 구원하였다 했을 때 **말씀대로** 병이 떠나갔습니다.

말씀묵상

자신의 생각의 한계를 고집하지 않고 기드온과 베드로는 말씀을 따르는 삶으로 순종했습니다. 말씀을 따르지 않고 우상을 숭배하면 재앙이 선포됩니다. 예수님은 말씀으로 귀신을 쫓으시고 병을 물러가게 하셨으며 죽은 야이로의 딸을 살리셨습니다. 내 상식과 생각으로는 불가능해 보일지라도 전능하신 하나님의 말씀을 온전히 따르는 삶을 살기로 결단합니다.

말씀적용 오늘의 감사

말씀적용

오늘의 감감감

그래서 감사

그래도 감사

무조건 감사

말씀암송

막 5:34 □□께서 이르시되 □아 네 □□이
너를 □□하였으니 평안히 가라 네 □에서 놓여
□□할지어다

말씀기도

❶ 하나님의 말씀을 따르는 삶을 통해 승리하는 축복을 경험하게 하소서.
❷ 돌이킬 수 없는 하나님의 심판을 늘 생각하며 성결한 삶을 살게 하소서.
❸ 내 작은 생각을 하나님의 큰 뜻을 헤아릴 수 없음을 깨닫게 하시고 크신 하나님을 따라 살게 하소서.

말씀배경 지식

낙타가 무수함이라 (삿 6:5)

길들여진 낙타를 전쟁에 이용함으로써 처음으로 장거리에 낙타를 사용한 조직화된 공격에 대한 언급은 이것이 처음이다. 유목민의 전형적인 생활양식에 따라서 그들은 일시적으로 그 땅에 정착하여 그들의 양떼와 소떼를 방목하고 그 땅의 소산물을 취하였다. 이스라엘은 이 베두윈(유목민)의 이동을 방해할 만한 힘이 없었다.

7월 24일 순종과 헌신

204 일차 / 365

사사기 7장 | 사도행전 11장 | 예레미야 20장 | 마가복음 6장

사사기 7장 | 삼백 명만 남기고 군사를 돌려보낸 기드온의 순종과 헌신

7:2 여호와께서 기드온에게 이르시되 너를 따르는 백성이 너무 많은즉 내가 그들의 손에 미디안 사람을 넘겨 주지 아니하리니 이는 이스라엘이 나를 거슬러 스스로 자랑하기를 내 손이 나를 구원하였다 할까 함이니라

7:9 그 밤에 여호와께서 기드온에게 이르시되 일어나 진영으로 내려가라 내가 그것을 네 손에 넘겨 주었느니라

7:16 삼백 명을 세 대로 나누어 각 손에 나팔과 빈 항아리를 들리고 항아리 안에는 횃불을 감추게 하고

7:22 삼백 명이 나팔을 불 때에 여호와께서 그 온 진영에서 친구끼리 칼로 치게 하시므로 적군이 도망하여 스레라의 벧 싯다에 이르고 또 답밧에 가까운 아벨므홀라의 경계에 이르렀으며

7:25 또 미디안의 두 방백 오렙과 스엡을 사로잡아 오렙은 오렙 바위에서 죽이고 스엡은 스엡 포도주 틀에서 죽이고 미디안을 추격하였고 오렙과 스엡의 머리를 요단 강 건너편에서 기드온에게 가져왔더라

사도행전 11장 | 이방인 선교에 순종하고 헌신하는 제자들

11:1 유대에 있는 사도들과 형제들이 이방인들도 하나님의 말씀을 받았다 함을 들었더니

11:9 또 하늘로부터 두 번째 소리 있어 내게 이르되 하나님이 깨끗하게 하신 것을 네가 속되다 고 하지 말라 하더라

11:18 그들이 이 말을 듣고 잠잠하여 하나님께 영광을 돌려 이르되 그러면 하나님께서 이방인에게도 생명 얻는 회개를 주셨도다 하니라

11:19 그 때에 스데반의 일로 일어난 환난으로 말미암아 흩어진 자들이 베니게와 구브로와 안디옥까지 이르러 유대인에게만 말씀을 전하는데

11:20 그 중에 구브로와 구레네 몇 사람이 안디옥에 이르러 헬라인에게도 말하여 주 예수를 전파하니

11:21 주의 손이 그들과 함께 하시매 수많은 사람들이 믿고 주께 돌아오더라

오늘의 찬양 | 찬송가 449장 (예수 따라가며)

예수 따라가며 복음 순종하면 우리 행할 길 환하겠네 주를 의지하며 순종하는 자를
주가 늘 함께 하시리라 의지하고 순종하는 길은 예수 안에 즐겁고 복된 길이로다

예레미야 20장 | 핍박과 고통 가운데서도 사명에 순종하고 헌신하는 예레미야

20:1 멜의 아들 제사장 바스훌은 여호와의 성전의 총감독이라 그가 예레미야의 이 일 예언함을
들은지라

20:2 이에 바스훌이 선지자 예레미야를 때리고 여호와의 성전에 있는 베냐민 문 위층에 목에
씌우는 나무 고랑으로 채워 두었더니

20:4 여호와께서 이와 같이 말씀하시되 보라 내가 너로 너와 네 모든 친구에게 두려움이 되게
하리니 그들이 그들의 원수들의 칼에 엎드러질 것이요 네 눈은 그것을 볼 것이며 내가 온 유다
를 바벨론 왕의 손에 넘기리니 그가 그들을 사로잡아 바벨론으로 옮겨 칼로 죽이리라

20:6 바스훌아 너와 네 집에 사는 모든 사람이 포로 되어 옮겨지리니 네가 바벨론에 이르러 거
기서 죽어 거기 묻힐 것이라 너와 너의 거짓 예언을 들은 네 모든 친구도 그와 같으리라 하셨느
니라

20:13 여호와께 노래하라 너희는 여호와를 찬양하라 가난한 자의 생명을 행악자의 손에서 구
원하셨음이니라

마가복음 6장 | 죽기까지 순종하고 헌신하는 세례 요한과 제자들

6:7 열두 제자를 부르사 둘씩 둘씩 보내시며 더러운 귀신을 제어하는 권능을 주시고

6:12 제자들이 나가서 회개하라 전파하고

6:13 많은 귀신을 쫓아내며 많은 병자에게 기름을 발라 고치더라

6:27 왕이 곧 시위병 하나를 보내어 요한의 머리를 가져오라 명하니 그 사람이 나가 옥에서 요한
을 목 베어

6:41 예수께서 떡 다섯 개와 물고기 두 마리를 가지사 하늘을 우러러 축사하시고 떡을 떼어 제자
들에게 주어 사람들에게 나누어 주게 하시고 또 물고기 두 마리도 모든 사람에게 나누시매

6:44 떡을 먹은 남자는 오천 명이었더라

말씀연결 중심내용

삿 7 메뚜기떼같이 많은 미디안의 군사들과 싸우기 전에 하나님은 기드온에게 군사가 너무 많다고 하십니다. 군사를 더 모집해도 턱없이 부족할텐데 기드온은 하나님의 말씀에 **순종**하여 삼백 명의 군사만 남기고 다 돌려보냅니다. 기드온의 **순종과 헌신**으로 하나님께서 미디안의 진영을 기드온에게 넘겨주셔서 놀라운 승리를 얻었습니다.

행 11 베드로가 환상을 통해 이방인에게도 생명 얻는 기회를 주신 하나님을 증거하고, 스데반의 환난으로 흩어졌던 사람들이 주님께 **순종하고 헌신**합니다. 그들은 헬라인에게도 전도를 하여 수많은 이방인들이 믿고 주께 돌아왔습니다. 바나바는 안디옥에서 일년간 가르쳤고 그 제자들이 최초의 그리스도인이라 일컬음을 받게 되었습니다.

렘 20 제사장 바스훌이 예레미야의 예언을 듣고 그를 때리고 목에 나무 고랑을 씌우고 핍박합니다. 하지만 예레미야는 풀려날 때 여호와의 예언을 전달하는 사명에 **순종하고 헌신**합니다. 핍박과 고난으로 인해 괴로움을 토로하기도 하지만 결국 예레미야는 여호와를 찬양하라고 선포하는 **헌신**을 보입니다.

막 6 예수님은 열두 제자에게 귀신을 제어하는 권능을 주시고 전도하게 하십니다. 제자들은 예수님의 명령에 **순종하고 헌신**하여 많은 귀신을 쫓아내고 많은 병자들을 고칩니다. 세례 요한은 결국 목이 잘려 죽게 되지만 죽기까지 사명에 순종하고 헌신했습니다. 떡 다섯 개와 물고기 두 마리를 바친 누군가의 **순종과 헌신**을 통해 오천 명이 먹는 기적을 경험합니다.

말씀묵상

삼만이천 명의 군사를 다 돌려보내고 삼백 명만 남긴 기드온의 순종과 헌신, 핍박자들 앞에서도 주님께 순종하여 담대히 예언을 선포하는 예레미야, 오병이어를 기꺼이 바쳐 오천 명을 먹게 한 순종과 헌신, 유대인으로서는 감당하기 힘든 이방인 선교에 순종하고 헌신한 제자들. 이들의 헌신이 있었기에 오늘날 우리들도 믿음을 갖게 되었습니다. 나도 부족하지만 진리이신 예수님의 복음을 증거하는 자가 되기를 소원합니다.

말씀적용 오늘의 감사

말씀적용

오늘의 감감감

그래서 감사

그래도 감사

무조건 감사

말씀암송

렘 20:13 □□□께 노래하라 너희는 여호와를 □□하라 □□□ 자의 □□을 □□□의 □에서 □□하셨음이니라

말씀기도

❶ 전쟁의 승리는 숫자에 있지 않고 하나님의 손에 달려 있음을 깨달아 알게 하신 하나님께 감사와 영광을 올려 드립니다.
❷ 예레미야처럼 고난 중에도 포기할 수 없는 사명에 순종하게 하소서.
❸ 핍박 중에도 안디옥 교회를 세웠던 초대교회 성도들처럼 복음에 대한 헌신으로 주의 교회를 세워가게 하소서.

말씀배경 지식

보리떡 한 덩어리가 미디안 진영으로 굴러 들어와 (삿 7:13)

보리는 팔레스틴에서 가장 값싼 곡식이었다. 따라서 보리에 대한 언급은 아마도 이스라엘의 빈곤함을 강조하고 있는 것 같다. 그 꿈은 (보리떡처럼 하찮은 이스라엘이지만) 하나님께서 이스라엘을 사용하셔서 수많은 미디안의 군대를 멸망시키실 것이라는 증거로 해석되었다.

7월 25일 생명의 길과 사망의 길

205 일차 / 365

사사기 8장 | 사도행전 12장 | 예레미야 21장 | 마가복음 7장

사사기 8장 | 기드온이 에봇을 만들어 이스라엘 후손들이 사망의 길로 걷게 됨

8:4 기드온과 그와 함께 한 자 삼백 명이 요단 강에 이르러 건너고 비록 피곤하나 추격하며

8:21 세바와 살문나가 이르되 네가 일어나 우리를 치라 사람이 어떠하면 그의 힘도 그러하니라 하니 기드온이 일어나 세바와 살문나를 죽이고 그들의 낙타 목에 있던 초승달 장식들을 떼어서 가지니라

8:27 기드온이 그 금으로 에봇 하나를 만들어 자기의 성읍 오브라에 두었더니 온 이스라엘이 그것을 음란하게 위하므로 그것이 기드온과 그의 집에 올무가 되니라

8:30 기드온이 아내가 많으므로 그의 몸에서 낳은 아들이 칠십 명이었고

8:33 기드온이 이미 죽으매 이스라엘 자손이 돌아서서 바알들을 따라가 음행하였으며 또 바알브릿을 자기들의 신으로 삼고

8:34 이스라엘 자손이 주위의 모든 원수들의 손에서 자기들을 건져내신 여호와 자기들의 하나님을 기억하지 아니하며

사도행전 12장 | 헤롯 왕은 사망의 길로, 베드로는 생명의 길로 나아감

12:1 그 때에 헤롯 왕이 손을 들어 교회 중에서 몇 사람을 해하려 하여

12:2 요한의 형제 야고보를 칼로 죽이니

12:5 이에 베드로는 옥에 갇혔고 교회는 그를 위하여 간절히 하나님께 기도하더라

12:11 이에 베드로가 정신이 들어 이르되 내가 이제야 참으로 주께서 그의 천사를 보내어 나를 헤롯의 손과 유대 백성의 모든 기대에서 벗어나게 하신 줄 알겠노라 하여

12:23 헤롯이 영광을 하나님께로 돌리지 아니하므로 주의 사자가 곧 치니 벌레에게 먹혀 죽으니라

12:24 하나님의 말씀은 흥왕하여 더하더라

오늘의 찬양 | 찬송가 445장 (태산을 넘어 험곡에 가도)

태산을 넘어 험곡에 가도 빛 가운데로 걸어가면 주께서 항상 지키시기로
약속한 말씀 변치않네 하늘의 영광 하늘의 영광 나의 맘 속에 차고도 넘쳐
할렐루야를 힘차게 불러 영원히 주를 찬양하리

예레미야 21장 | 말씀대로 순종하지 않고 바벨론에 대항하여 사망의 길로 가는 이스라엘

21:7 여호와의 말씀이니라 그 후에 내가 유다의 왕 시드기야와 그의 신
하들과 백성과 및 이 성읍에서 전염병과 칼과 기근에서 남은 자를 바벨
론의 느부갓네살 왕의 손과 그들의 원수의 손과 그들의 생명을 찾는 자
들의 손에 넘기리니 그가 칼날로 그들을 치되 측은히 여기지 아니하며
긍휼히 여기지 아니하며 불쌍히 여기지 아니하리라 하셨느니라

21:8 여호와께서 말씀하시기를 보라 내가 너희 앞에 생명의 길과 사망
의 길을 두었노라 너는 이 백성에게 전하라 하셨느니라

마가복음 7장 | 사망의 길을 걷는 유대인들과 생명의 길을 걷는 수로보니게 여인

7:5 이에 바리새인들과 서기관들이 예수께 묻되 어찌하여 당신의 제자들
은 장로들의 전통을 준행하지 아니하고 부정한 손으로 떡을 먹나이까

7:6 이르시되 이사야가 너희 외식하는 자에 대하여 잘 예언하였도다 기록
하였으되 이 백성이 입술로는 나를 공경하되 마음은 내게서 멀도다

7:9 또 이르시되 너희가 너희 전통을 지키려고 하나님의 계명을 잘 저버리
는도다

7:26 그 여자는 헬라인이요 수로보니게 족속이라 자기 딸에게서 귀신 쫓
아내 주시기를 간구하거늘

7:29 예수께서 이르시되 이 말을 하였으니 돌아가라 귀신이 네 딸에게서
나갔느니라 하시매

7:30 여자가 집에 돌아가 본즉 아이가 침상에 누웠고 귀신이 나갔더라

말씀연결 중심내용

삿 8 기드온은 하나님의 도우심으로 미디안 왕 세바와 살문나를 사로잡고 죽입니다. 하지만 금으로 에봇을 만들어 자기 성읍에 둠으로 이스라엘을 음란하게 하는 죄를 범하고 그의 집에 올무가 되었습니다. 하나님의 은혜를 받아 평생 **생명의 길**을 걸은 기드온이었지만 인생의 마지막에 **사망의 길**로 가게 되고 그의 사후에 이스라엘 자손들이 바알들을 따르고 하나님을 기억하지 아니합니다.

행 12 헤롯 왕은 야고보 사도를 죽이고 베드로도 옥에 잡아 가두는 등 영광을 하나님께로 돌리지 않아 **사망의 길**을 걷게 되어 벌레에게 먹혀 죽습니다. 하지만 주의 사자가 베드로를 감옥에서 벗어나게 하시고 하나님의 말씀은 흥왕하여 **생명의 길**이 더해 갑니다.

렘 21 예레미야는 바벨론에게 항복하는 하나님의 말씀을 전합니다. 항복하면 **생명의 길**이지만 대항하여 싸우면 **사망의 길**이라는 것입니다. 비록 민족적으로는 비극이지만 항복을 택할 때 하나님은 약속하신 대로 훗날 다시 일으켜 세워주실 것입니다. 그러나 유다 백성들은 예레미야의 경고를 무시합니다.

막 7 바리새인들과 서기관들은 장로들의 전통을 지키나 입술로만 외식하고 마음은 하나님에게서 멀고 헛되이 경배하는 **사망의 길**을 걷고 있다는 것을 예수님은 정확하게 지적하셨습니다. 그들은 고르반을 드린다고 하면서 실상은 부모님에게도 하나님에게도 드리지 않았습니다. 반면에 이방인인 수로보니게 여인은 신실한 믿음으로 예수님의 시험을 이기게 되어 딸이 나아서 귀신이 물러가는 **생명의 길**을 얻었습니다.

말씀묵상

사사 기드온도 말년에 에봇을 만들어 사망의 길로 가고, 이스라엘 백성들도 바벨론에 저항합니다. 헤롯 왕은 야고보와 베드로를 핍박하여 사망의 길로 가고, 바리새인과 서기관들도 외식으로 사망의 길을 걷습니다. 생명의 길은 오직 하나님의 말씀에 순종하여 그 길을 따라가는 것입니다. 생명의 길인 성경 말씀을 통해 진리이신 하나님을 따라가기를 다짐합니다.

말씀적용 오늘의 감사

말씀적용

오늘의 감감감

그래서 감사

그래도 감사

무조건 감사

말씀암송

막 7:6 이르시되 ☐☐☐가 너희 ☐☐하는
자에 대하여 잘 ☐☐하였도다 기록하였으되
이 ☐☐이 ☐☐로는 나를 ☐☐하되 마음은
내게서 ☐☐☐

말씀기도

❶ 이해할 수 없는 주님의 말씀에도 철저히 순종하여 사망이 아닌 생명의 길에 서게 하소서.

❷ 한순간 이기심과 욕심에 빠져 멸망의 길에 서지 않도록 늘 깨어 있게 하소서

❸ 사람의 기쁨이 아닌 하나님의 기쁨을 위해 살게 하시고 생명을 구하는 전도자가 되게 하소서.

말씀배경 지식

외식하는 자
(막 7:6)

이것은 원래 가면을 쓰고 자신의 모습을 감추는 배우를 가리키며, 따라서 위선자를 뜻한다.

7월 26일

206 일차 / 365

무엇을 따를 것인가?

사사기 9장 | 사도행전 13장 | 예레미야 22장 | 마가복음 8장

사사기 9장 | 욕심을 따라 형제 70명을 죽이고 왕이 된 아비멜렉

9:4 바알브릿 신전에서 은 칠십 개를 내어 그에게 주매 아비멜렉이 그것으로 방탕하고 경박한 사람들을 사서 자기를 따르게 하고

9:5 오브라에 있는 그의 아버지의 집으로 가서 여룹바알의 아들 곧 자기 형제 칠십 명을 한 바위 위에서 죽였으되 다만 여룹바알의 막내 아들 요담은 스스로 숨었으므로 남으니라

9:22 아비멜렉이 이스라엘을 다스린 지 삼 년에

9:23 하나님이 아비멜렉과 세겜 사람들 사이에 악한 영을 보내시매 세겜 사람들이 아비멜렉을 배반하였으니

9:53 한 여인이 맷돌 위짝을 아비멜렉의 머리 위에 내려 던져 그의 두개골을 깨뜨리니

9:56 아비멜렉이 그의 형제 칠십 명을 죽여 자기 아버지에게 행한 악행을 하나님이 이같이 갚으셨고

9:57 또 세겜 사람들의 모든 악행을 하나님이 그들의 머리에 갚으셨으니 여룹바알의 아들 요담의 저주가 그들에게 응하니라

사도행전 13장 | 하나님의 복음을 따라 이방인을 전도하는 바나바와 바울

13:2 주를 섬겨 금식할 때에 성령이 이르시되 내가 불러 시키는 일을 위하여 바나바와 사울을 따로 세우라 하시니

13:3 이에 금식하며 기도하고 두 사람에게 안수하여 보내니라

13:6 온 섬 가운데로 지나서 바보에 이르러 바예수라 하는 유대인 거짓 선지자인 마술사를 만나니

13:9 바울이라고 하는 사울이 성령이 충만하여 그를 주목하고

13:11 보라 이제 주의 손이 네 위에 있으니 네가 맹인이 되어 얼마 동안 해를 보지 못하리라 하니 즉시 안개와 어둠이 그를 덮어 인도할 사람을 두루 구하는지라

13:46 바울과 바나바가 담대히 말하여 이르되 하나님의 말씀을 마땅히 먼저 너희에게 전할 것이로되 너희가 그것을 버리고 영생을 얻기에 합당하지 않은 자로 자처하기로 우리가 이방인에게로 향하노라

오늘의 찬양 | 찬송가 341장 (십자가를 내가 지고)

십자가를 내가 지고 주를 따라 갑니다 이제부터 예수로만 나의 보배 삼겠네
세상에서 부귀 영화 모두 잃어 버려도 주의 평안 내가 받고 영생 복을 받겠네

예레미야 22장 | 언약을 따르지 않은 유다왕들

22:2 이르기를 다윗의 왕위에 앉은 유다 왕이여 너와 네 신하와 이 문들로 들어오는 네 백성은 여호와의 말씀을 들을지니라

22:3 여호와께서 이와 같이 말씀하시되 너희가 정의와 공의를 행하여 탈취 당한 자를 압박하는 자의 손에서 건지고 이방인과 고아와 과부를 압제하거나 학대하지 말며 이 곳에서 무죄한 피를 흘리지 말라

22:10 너희는 죽은 자를 위하여 울지 말며 그를 위하여 애통하지 말고 잡혀 간 자를 위하여 슬피 울라 그는 다시 돌아와 그 고국을 보지 못할 것임이라

22:19 그가 끌려 예루살렘 문 밖에 던져지고 나귀 같이 매장함을 당하리라

22:24 여호와의 말씀이니라 나의 삶으로 맹세하노니 유다 왕 여호야김의 아들 고니야가 나의 오른손의 인장반지라 할지라도 내가 빼어

22:25 네 생명을 찾는 자의 손과 네가 두려워하는 자의 손 곧 바벨론의 왕 느부갓네살의 손과 갈대아인의 손에 줄 것이라

마가복음 8장 | 자기를 부인하고 십자가를 지고 예수님을 따르는 제자의 삶

8:19 내가 떡 다섯 개를 오천 명에게 떼어 줄 때에 조각 몇 바구니를 거두었더냐 이르되 열둘이니이다

8:20 또 일곱 개를 사천 명에게 떼어 줄 때에 조각 몇 광주리를 거두었더냐 이르되 일곱이니이다

8:21 이르시되 아직도 깨닫지 못하느냐 하시니라

8:33 예수께서 돌이키사 제자들을 보시며 베드로를 꾸짖어 이르시되 사탄아 내 뒤로 물러가라 네가 하나님의 일을 생각하지 아니하고 도리어 사람의 일을 생각하는도다 하시고

8:34 무리와 제자들을 불러 이르시되 누구든지 나를 따라오려거든 자기를 부인하고 자기 십자가를 지고 나를 따를 것이니라

8:35 누구든지 자기 목숨을 구원하고자 하면 잃을 것이요 누구든지 나와 복음을 위하여 자기 목숨을 잃으면 구원하리라

말씀연결 중심내용

삿 9 기드온의 아들 아비멜렉은 **자기의 욕심을 따라** 기드온의 아들 70명을 죽이고 스스로 왕이 되어 이스라엘을 다스립니다. 무릇 사사는 하나님의 부르심을 받아야 하는 데 아비멜렉은 **욕심을 따라** 스스로 왕이 되었습니다. 그는 삼년 간 다스렸으나 맷돌을 맞아 두개골이 깨져서 죽게 됩니다.

행 13 안디옥 교회에서 바나바와 사울(바울)을 이방인의 선교사로 세웁니다. 바울은 성령의 능력으로 마술사 엘루마를 맹인 되게 하고, 비시디아 안디옥의 회당에서 복음을 전합니다. 많은 사람들이 바울과 바나바를 따르니 이는 그들을 이방인의 빛으로 삼으신 **하나님의 복음을 따라** 구원의 은혜를 전한 결과입니다.

렘 22 하나님은 유다 왕에게 이방인과 고아와 과부를 돌보라고 하셨으나 그들은 이 말을 듣지 아니하였습니다. 유다 왕은 **언약을 따르지 않고 다른 신들을 따라** 절하고 섬김으로 하나님의 심판을 받습니다. 여호야김왕과 고니야(여고냐)왕은 나귀 같이 매장당하고 갈대아인의 손에 죽게 됩니다.

막 8 예수님은 오병이어와 칠병이어의 기적을 통해 긍휼과 사랑의 모습을 보여주셨습니다. 그러나 바리새인들은 자기의 욕심에 이끌려 예수님을 비난하고 시험합니다. 예수님은 제자들에게 죽음과 부활을 말씀하십니다. 베드로가 그럴 수 없다고 항변하자 이는 사람의 일이 아니라 하나님의 일이니 **예수님을 따라** 십자가를 지라고 하십니다.

말씀암송

막 8:34 무리와 ☐☐들을 불러 이르시되 누구든지 ☐를 따라오려거든 자기를 ☐☐하고 자기 ☐☐☐를 지고 나를 ☐☐ 것이니라

막 8:35 누구든지 자기 ☐☐을 ☐☐하고자 하면 ☐☐ 것이요 누구든지 나와 ☐☐을 위하여 자기 ☐☐을 잃으면 ☐☐하리라

말씀묵상

자기의 욕심을 따라 70명을 죽이고 왕이 된 아비멜렉, 선민으로 택함 받았지만 이방 신을 따라 멸망으로 간 남유다왕들을 보며, 이방인들이지만 하나님의 복음을 따라간 안디옥 교회 교인들이 더욱 축복받은 사람들임을 알게 됩니다. 나도 예수님을 따라 십자가 복음을 전하는 삶을 살기를 다짐해 봅니다.

말씀적용 오늘의 감사

말씀적용

오늘의 감감감

그래서 감사

그래도 감사

무조건 감사

말씀기도

❶ 이방인에게 복음을 허락하신 주님의 은혜에 감사와 영광을 올려 드립니다.
❷ 이해할 수 없는 주의 말씀에도 철저히 순종하며 사망이 아닌 생명의 길에 서게 하소서.
❸ 이기적 욕심과 안주에 빠져 멸망의 길에 서지 않게 하시고, 철저히 주님이 주신 사명을 따라 살게 하소서.

말씀배경 지식

누구든지 자기 목숨을 구원하고자 하면 잃을 것이요 누구든지 나와 복음을 위하여 자기 목숨을 잃으면 구원하리라 (막 8:35)

이 구절의 역설적 내용은 예수께서 목숨(프쉬케)이란 낱말을 두 가지의 서로 다른 의미로 사용하셨다는 것을 이해함으로써 해결된다. 앞의 표현인 '자기 목숨을 구원하고자'는 죽음으로부터의 육체적 생명의 보존을 언급한다. 이와 반대로 그리스도에게 헌신하여 기꺼이 '자기 목숨을 잃은' 사람은 참된 생명을 얻는 사람이다. 자기 목숨을 잃은 사람은 참된 생명을 얻는 사람이다. 이것은 제자로서의 생명에 대한 철학을 묘사한 것이다.

7월 27일 돌이키라

207 일차 / 365

사사기 10-11장 11절 | 사도행전 14장 | 예레미야 23장 | 마가복음 9장

사사기 10-11장 11절 | 죄악에서 돌이켜 회개하는 이스라엘 자손들

10:6 이스라엘 자손이 다시 여호와의 목전에 악을 행하여 바알들과 아스다롯과 아람의 신들과 시돈의 신들과 모압의 신들과 암몬 자손의 신들과 블레셋 사람들의 신들을 섬기고 여호와를 버리고 그를 섬기지 아니하므로

10:7 여호와께서 이스라엘에게 진노하사 블레셋 사람들의 손과 암몬 자손의 손에 그들을 파시매

10:8 그 해에 그들이 요단 강 저쪽 길르앗에 있는 아모리 족속의 땅에 있는 모든 이스라엘 자손을 쳤으며 열여덟 해 동안 억압하였더라

10:10 이스라엘 자손이 여호와께 부르짖어 이르되 우리가 우리 하나님을 버리고 바알들을 섬김으로 주께 범죄하였나이다 하니

10:16 자기 가운데에서 이방 신들을 제하여 버리고 여호와를 섬기매 여호와께서 이스라엘의 곤고로 말미암아 마음에 근심하시니라

사도행전 14장 | 하나님께로 돌이키라고 복음을 전하는 바나바와 바울

14:1 이에 이고니온에서 두 사도가 함께 유대인의 회당에 들어가 말하니 유대와 헬라의 허다한 무리가 믿더라

14:2 그러나 순종하지 아니하는 유대인들이 이방인들의 마음을 선동하여 형제들에게 악감을 품게 하거늘

14:8 루스드라에 발을 쓰지 못하는 한 사람이 앉아 있는데 나면서 걷지 못하게 되어 걸어 본 적이 없는 자라

14:10 큰 소리로 이르되 네 발로 바로 일어서라 하니 그 사람이 일어나 걷는지라

14:11 무리가 바울이 한 일을 보고 루가오니아 방언으로 소리 질러 이르되 신들이 사람의 형상으로 우리 가운데 내려오셨다 하여

14:15 이르되 여러분이여 어찌하여 이러한 일을 하느냐 우리도 여러분과 같은 성정을 가진 사람이라 여러분에게 복음을 전하는 것은 이런 헛된 일을 버리고 천지와 바다와 그 가운데 만물을 지으시고 살아 계신 하나님께로 돌아오게 함이라

오늘의 찬양 | 찬송가 280장 (천부여 의지 없어서)

천부여 의지 없어서 손들고 옵니다 주 나를 외면하시면 나 어디 가리까
내 죄를 씻기 위하여 피 흘려 주시니 곧 회개하는 맘으로 주 앞에 옵니다

예레미야 23장 | 악에서 돌이키지 않아 치욕과 수치를 당하게 되는 이스라엘

23:2 그러므로 이스라엘의 하나님 여호와께서 내 백성을 기르는 목자에게 이와 같이 말씀하시니라 너희가 내 양 떼를 흩으며 그것을 몰아내고 돌보지 아니하였도다 보라 내가 너희의 악행 때문에 너희에게 보응하리라 여호와의 말씀이니라

23:5 여호와의 말씀이니라 보라 때가 이르리니 내가 다윗에게 한 의로운 가지를 일으킬 것이라 그가 왕이 되어 지혜롭게 다스리며 세상에서 정의와 공의를 행할 것이며

23:6 그의 날에 유다는 구원을 받겠고 이스라엘은 평안히 살 것이며 그의 이름은 여호와 우리의 공의라 일컬음을 받으리라

23:11 여호와의 말씀이니라 선지자와 제사장이 다 사악한지라 내가 내 집에서도 그들의 악을 발견하였노라

23:31 여호와의 말씀이니라 보라 그들이 혀를 놀려 여호와가 말씀하셨다 하는 선지자들을 내가 치리라

마가복음 9장 | 예수님의 말씀을 듣고 돌이키라

9:1 또 그들에게 이르시되 내가 진실로 너희에게 이르노니 여기 서 있는 사람 중에는 죽기 전에 하나님의 나라가 권능으로 임하는 것을 볼 자들도 있느니라 하시니라

9:2 엿새 후에 예수께서 베드로와 야고보와 요한을 데리시고 따로 높은 산에 올라가셨더니 그들 앞에서 변형되사

9:7 마침 구름이 와서 그들을 덮으며 구름 속에서 소리가 나되 이는 내 사랑하는 아들이니 너희는 그의 말을 들으라 하는지라

9:37 누구든지 내 이름으로 이런 어린 아이 하나를 영접하면 곧 나를 영접함이요 누구든지 나를 영접하면 나를 영접함이 아니요 나를 보내신 이를 영접함이니라

말씀연결 중심내용

삿 10 사사 돌라와 야일 이후에 이스라엘 사람들이 다시 악을 행하여 바알들과 이방 신들을 섬기고 여호와를 버립니다. 여호와께서 진노하사 이스라엘이 블레셋과 암몬에게 18년 동안 억압당하게 하십니다. 그들이 **마음을 돌이켜** 여호와께 범죄함을 고백할 때 여호와께서 다시 구원의 손길을 펴실 것입니다.

행 14 바울과 바나바의 전도로 유대와 헬라의 허다한 무리가 믿었으나 여전히 순종하지 아니하는 유대인들이 있었습니다. 루스드라에서 바울이 걷지 못하는 자를 치유해주자 무리가 제우스와 헤르메스라고 하며 신격화하려고 합니다. 바나바와 바울은 그들에게 '우리가 복음 전함은 헛된 일을 버리고 **하나님께로 돌이키게** 하기 위함'임을 가르칩니다.

렘 23 하나님께서는 선지자와 제사장들이 악하여 이스라엘 백성들을 그릇되게 함을 질책하십니다. 다윗의 가지에서 의로운 왕이 나와 정의와 공의를 행할 때 유다와 이스라엘이 평안할 것을 예비하셨으나, 거짓 꿈으로 미혹하는 자가 있음을 경고하십니다. **하나님께 돌이키면** 구원하실 것이나 돌이키지 아니함으로 그들은 내가 너희를 온전히 잊어버리며 수치를 당하게 될 것입니다.

막 9 예수님께서 변화산에서 변형되어 광채가 나고 하늘에서 소리가 나기를 '내 사랑하는 아들이니 그의 말을 들으라'고 하십니다. **예수님의 말씀을 듣고 돌이키면** 하나님의 나라가 권능으로 임함을 볼 것이라 말씀하시며 귀신을 내쫓고 죽음과 부활을 두 번째 예언하십니다.

말씀묵상

블레셋과 암몬의 압제 가운데 회개하고 돌이키고, 거짓 선지자의 말을 듣지 않고 돌이키며, 헛된 신을 믿지 않고 예수님께로 마음을 돌이키면 하나님의 역사하심을 볼 수 있습니다. 어린 아이같이 순수한 마음을 갖고 내 욕심이 아니라 성령께로 돌이키는 회개로 나아가 예수님과 동행하는 믿음 회복을 소원합니다.

말씀적용 오늘의 감사

말씀적용

오늘의 감감감

그래서 감사

그래도 감사

무조건 감사

말씀암송

막 9:37 누구든지 내 ☐☐으로 이런 어린 아이 하나를 ☐☐하면 곧 나를 ☐☐함이요 누구든지 ☐를 영접하면 나를 영접함이 아니요 나를 ☐☐☐ 이를 ☐☐함이니라

말씀기도

❶ 자기 욕심을 따르는 어리석음에서 돌이키게 하시고 회개하게 하소서.
❷ 성령의 음성에 귀 기울여 성령이 주시는 마음을 따르게 하소서.
❸ 어린 아이가 부모를 의지하는 것 같은 순전한 믿음을 갖게 하소서.

말씀배경 지식

바알들과 아스다롯과… 블레셋 사람들의 신들을 섬기고 (삿 10:6)

이스라엘은 이웃 나라와의 접촉으로 말미암아 유혹받아 그들의 사회 종교적 풍습을 받아들이게 되었다. 특히 바알들과 아스다롯은 이스라엘에 있어 반복되는 유혹이었다. 여기서는 다른 많은 신들도 언급되었다. 아람의 신들(하닷과 림몬을 포함한 시리아의 신들), 시돈의 신들(특히 시돈(페니키아)의 바알 숭배는 아합과 이세벨 당시의 바알 숭배와 필적하였다), 모압의 신들(그모스를 포함하여), 암몬 자손의 신들(몰렉을 포함하여), 블레셋 사람들의 신들(다곤, 바알세불을 포함하여)등이었다

7월 28일 주님보다 앞서지 않기

208 일차 365

사사기 11장 12~40절 | 사도행전 15장 | 예레미야 24장 | 마가복음 10장

사사기 11장 12~40절 | 하나님보다 앞서서 마음대로 서원한 입다

11:29 이에 여호와의 영이 입다에게 임하시니 입다가 길르앗과 므낫세
를 지나서 길르앗의 미스베에 이르고 길르앗의 미스베에서부터 암몬 자
손에게로 나아갈 때에

11:30 그가 여호와께 서원하여 이르되 주께서 과연 암몬 자손을 내 손
에 넘겨 주시면

11:31 내가 암몬 자손에게서 평안히 돌아올 때에 누구든지 내 집 문에
서 나와서 나를 영접하는 그는 여호와께 돌릴 것이니 내가 그를 번제물
로 드리겠나이다 하니라

11:34 입다가 미스바에 있는 자기 집에 이를 때에 보라 그의 딸이 소고
를 잡고 춤추며 나와서 영접하니 이는 그의 무남독녀라

11:35 입다가 이를 보고 자기 옷을 찢으며 이르되 어찌할꼬 내 딸이여
너는 나를 참담하게 하는 자요 너는 나를 괴롭게 하는 자 중의 하나로다
내가 여호와를 향하여 입을 열었으니 능히 돌이키지 못하리로다 하니

사도행전 15장 | 복음보다 율법을 앞세우는 바리새파

15:5 바리새파 중에 어떤 믿는 사람들이 일어나 말하되 이방인에게 할
례를 행하고 모세의 율법을 지키라 명하는 것이 마땅하다 하니라

15:7 많은 변론이 있은 후에 베드로가 일어나 말하되 형제들아 너희도
알거니와 하나님이 이방인들로 내 입에서 복음의 말씀을 들어 믿게 하
시려고 오래 전부터 너희 가운데서 나를 택하시고

15:9 믿음으로 그들의 마음을 깨끗이 하사 그들이나 우리나 차별하지
아니하셨느니라

15:10 그런데 지금 너희가 어찌하여 하나님을 시험하여 우리 조상과 우
리도 능히 메지 못하던 멍에를 제자들의 목에 두려느냐

오늘의 찬양 | 찬송가 370장 (주 안에 있는 나에게)

주 안에 있는 나에게 딴 근심 있으랴 십자가 밑에 나아가 내 짐을 풀었네
주님을 찬송하면서 할렐루야 할렐루야 내 앞길 멀고 험해도 나 주님만 따라가리

예레미야 24장 | 주님보다 앞선 애굽땅에 남은 자들에 대한 저주

24:1 바벨론의 느부갓네살 왕이 유다 왕 여호야김의 아들 여고냐와 유
다 고관들과 목공들과 철공들을 예루살렘에서 바벨론으로 옮긴 후에 여
호와께서 여호와의 성전 앞에 놓인 무화과 두 광주리를 내게 보이셨는
데

24:5 이스라엘의 하나님 여호와께서 이와 같이 말씀하시니라 내가 이
곳에서 옮겨 갈대아인의 땅에 이르게 한 유다 포로를 이 좋은 무화과 같
이 잘 돌볼 것이라

24:8 여호와께서 이와 같이 말씀하시니라 내가 유다의 왕 시드기야와
그 고관들과 예루살렘의 남은 자로서 이 땅에 남아 있는 자와 애굽 땅에
사는 자들을 나빠서 먹을 수 없는 이 나쁜 무화과 같이 버리되

24:10 내가 칼과 기근과 전염병을 그들 가운데 보내 그들이 내가 그들
과 그들의 조상들에게 준 땅에서 멸절하기까지 이르게 하리라 하시니라

마가복음 10장 | 주님보다 재물을 앞세우는 부자 청년

10:9 그러므로 하나님이 짝지어 주신 것을 사람이 나누지 못할지니라 하
시더라

10:14 예수께서 보시고 노하시어 이르시되 어린 아이들이 내게 오는 것을
용납하고 금하지 말라 하나님의 나라가 이런 자의 것이니라

10:21 예수께서 그를 보시고 사랑하사 이르시되 네게 아직도 한 가지 부
족한 것이 있으니 가서 네게 있는 것을 다 팔아 가난한 자들에게 주라 그리
하면 하늘에서 보화가 네게 있으리라 그리고 와서 나를 따르라 하시니

10:22 그 사람은 재물이 많은 고로 이 말씀으로 인하여 슬픈 기색을 띠고
근심하며 가니라

10:23 예수께서 둘러 보시고 제자들에게 이르시되 재물이 있는 자는 하나
님의 나라에 들어가기가 심히 어렵도다 하시니

10:45 인자가 온 것은 섬김을 받으려 함이 아니라 도리어 섬기려 하고 자
기 목숨을 많은 사람의 대속물로 주려 함이니라

말씀연결 중심내용

삿 11 사사 입다가 암몬 자손을 치러 갈 때 잘못된 서원을 합니다. 이기고 돌아오면 내 집 문 앞에서 나를 영접하는 자를 여호와께 번제물로 돌리겠다고 합니다. **하나님을 앞서서** 자기 기분대로 서원을 한 결과 입다의 딸을 서원대로 행하게 됩니다.

행 15 바리새파 사람들이 이방인에게 할례를 행하라고 주장하자 베드로가 변론합니다. "하나님이 이방인들에게도 성령을 주셨고 믿음으로 깨끗하게 하셨으니 차별하지 말고 그들의 목에 멍에를 매지 말라." 바리새인들은 **주님보다 율법을 앞세워** 이방인을 차별하지만 하나님은 주님께로 돌아오는 누구나 은혜로 구원을 주십니다.

렘 24 하나님께서 예레미야에게 좋은 무화과와 나쁜 무화과 환상을 보여 주십니다. 예루살렘과 유다에 남은 자들은 **하나님의 생각보다 앞서서** '이 땅에 남아 있어야 하나님을 따르는 것이다'라고 생각했습니다. 그러나 하나님은 예레미야의 예언에 순종하여 바벨론에 포로로 잡혀간 이스라엘인들을 좋은 무화과나무라고 하셨습니다. 섣부르게 내 뜻을 **하나님의 뜻보다 앞세워** 결정해서는 안됩니다.

막 10 하나님이 짝지어 주신 것은 사람이 나누어서는 안됩니다. 어린 아이들이 오는 것도 막아서는 안됩니다. 재물이 많은 자는 슬픈 기색을 띠고 예수님을 떠나갔습니다. 그 무엇도 **주님이 주시는 영생보다 앞설 수는 없습니다.** 모든 재물을 다 팔아 가난한 자들에게 준다할 지라도 영생을 소유할 수 있다면 주님 뜻에 따라야 합니다.

말씀묵상

하나님보다 앞선 입다의 서원, 주님보다 율법을 앞세운 바리새인들, 포로로 끌려가지 않고 자기 생각을 앞세운 남은 자들, 주님보다 돈을 택한 부자 청년. 그 어느 것도 주님보다 앞설 수는 없습니다. 내가 먼저 판단하고 내가 먼저 결정하고 행동하는 것이 아니라 항상 주님의 뜻을 먼저 묻고 그 뜻에 합당하게 살아가기를 다짐합니다.

말씀적용 오늘의 감사

말씀적용

오늘의 감감감

그래서 감사

그래도 감사

무조건 감사

말씀암송

막 10:45 [ ][ ]가 온 것은 [ ][ ]을 받으려 함이 아니라 도리어 [ ][ ][ ] 하고 자기 [ ][ ]을 많은 사람의 [ ][ ][ ]로 주려 함이니라

말씀기도

❶ 내 생각을 앞세우지 않고 항상 주님께 먼저 기도하게 하소서.
❷ 두렵고 막막한 중에도 주의 말씀을 붙들어 두려움을 이기게 하시고 참 생명의 길로 나아가게 하소서.
❸ 이단이 많은 이 시대에 성경을 통해 참과 거짓을 분별할 수 있는 지혜를 주셔서 거짓된 교훈에 현혹되지 않게 하소서.

말씀배경 지식

그가 여호와께 서원하여 이르되 (삿 11:30)

입다가 서원한 형식은, 그가 절반은 이방적인 배경에서 자랐음을 생각나게 해준다. 그는 암몬 족속을 이긴 후 돌아올 때, 그를 맞이하기 위해 그의 집에서 첫 번째로 나오는 것은 무엇이든지 번제로 바칠 것을 서약하였다. 내가 여호와를 향하여 입을 열었으니(삿 11:35) 사람을 제물로 바치는 것은 이스라엘 안에서 금지되었으나 입다는 오래토록 이방 사상이 만연되어 있는 변방 지역에 살고 있었다.

7월 29일 권위

209 일차 / 365

사사기 12장 | 사도행전 16장 | 예레미야 25장 | 마가복음 11장

사사기 12장 | 사사 입다의 권위에 도전한 에브라임 사람들

12:1 에브라임 사람들이 모여 북쪽으로 가서 입다에게 이르되 네가 암몬 자손과 싸우러 건너
갈 때에 어찌하여 우리를 불러 너와 함께 가게 하지 아니하였느냐 우리가 반드시 너와 네 집을
불사르리라 하니

12:3 나는 너희가 도와 주지 아니하는 것을 보고 내 목숨을 돌보지 아니하고 건너가서 암몬 자
손을 쳤더니 여호와께서 그들을 내 손에 넘겨 주셨거늘 너희가 어찌하여 오늘 내게 올라와서
나와 더불어 싸우고자 하느냐 하니라

12:4 입다가 길르앗 사람을 다 모으고 에브라임과 싸웠으며 길르앗 사람들이 에브라임을 쳐서
무찔렀으니 이는 에브라임의 말이 너희 길르앗 사람은 본래 에브라임에서 도망한 자로서 에브
라임과 므낫세 중에 있다 하였음이라

12:6 그에게 이르기를 쉽볼렛이라 발음하라 하여 에브라임 사람이 그렇게 바로 말하지 못하고
십볼렛이라 발음하면 길르앗 사람이 곧 그를 잡아서 요단 강 나루턱에서 죽였더라 그 때에 에
브라임 사람의 죽은 자가 사만 이천 명이었더라

사도행전 16장 | 성령의 권위에 복종하여 전도여행 경로를 바꾼 바울

16:6 성령이 아시아에서 말씀을 전하지 못하게 하시거늘 그들이 브루기아와 갈라디아 땅으로
다녀가

16:7 무시아 앞에 이르러 비두니아로 가고자 애쓰되 예수의 영이 허락하지 아니하시는지라

16:8 무시아를 지나 드로아로 내려갔는데

16:9 밤에 환상이 바울에게 보이니 마게도냐 사람 하나가 서서 그에게 청하여 이르되 마게도
냐로 건너와서 우리를 도우라 하거늘

16:10 바울이 그 환상을 보았을 때 우리가 곧 마게도냐로 떠나기를 힘쓰니 이는 하나님이 저
사람들에게 복음을 전하라고 우리를 부르신 줄로 인정함이러라

16:31 이르되 주 예수를 믿으라 그리하면 너와 네 집이 구원을 받으리라 하고

오늘의 찬양 | 찬송가 21장 (다 찬양하여라)

다 찬양하여라 전능 왕 창조의 주께 내 혼아 주 찬양 평강과 구원의 주님
성도들아 주 앞에 이제 나와 즐겁게 찬양하여라

예레미야 25장 | 하나님의 권위에 순종하지 않은 유다 백성들

25:1 유다의 왕 요시야의 아들 여호야김 넷째 해 곧 바벨론의 왕 느부갓네살 원년에 유다의 모
든 백성에 관한 말씀이 예레미야에게 임하니라

25:2 선지자 예레미야가 유다의 모든 백성과 예루살렘의 모든 주민에게 말하여 이르되

25:3 유다의 왕 아몬의 아들 요시야 왕 열셋째 해부터 오늘까지 이십삼 년 동안 여호와의 말씀
이 내게 임하기로 내가 너희에게 꾸준히 일렀으나 너희가 순종하지 아니하였느니라

25:5 그가 이르시기를 너희는 각자의 악한 길과 악행을 버리고 돌아오라 그리하면 나 여호와가
너희와 너희 조상들에게 영원부터 영원까지 준 그 땅에 살리라

25:6 너희는 다른 신을 따라다니며 섬기거나 경배하지 말며 너희 손으로 만든 것으로써 나의
노여움을 일으키지 말라 그리하면 내가 너희를 해하지 아니하리라 하였으나

25:11 이 모든 땅이 폐허가 되어 놀랄 일이 될 것이며 이 민족들은 칠십 년 동안 바벨론의 왕을
섬기리라

마가복음 11장 | 예수님의 권위에 순종하여 나귀를 내 준 주인

11:1 그들이 예루살렘에 가까이 와서 감람 산 벳바게와 베다니에 이르렀을 때에 예수께서 제자 중
둘을 보내시며

11:2 이르시되 너희는 맞은편 마을로 가라 그리로 들어가면 곧 아직 아무도 타 보지 않은 나귀 새
끼가 매여 있는 것을 보리니 풀어 끌고 오라

11:3 만일 누가 너희에게 왜 이렇게 하느냐 묻거든 주가 쓰시겠다 하라 그리하면 즉시 이리로 보
내리라 하시니

11:7 나귀 새끼를 예수께로 끌고 와서 자기들의 겉옷을 그 위에 얹어 놓으매 예수께서 타시니

11:8 많은 사람들은 자기들의 겉옷을, 또 다른 이들은 들에서 벤 나뭇가지를 길에 펴며

11:9 앞에서 가고 뒤에서 따르는 자들이 소리 지르되 호산나 찬송하리로다 주의 이름으로 오시는
이여

말씀연결 중심내용

삿 12 에브라임 사람들이 입다에게 트집을 잡아 너와 네 집을 불사르겠다고 협박합니다. 입다는 하나님이 세우신 사사의 **권위**로 길르앗 사람을 다 모아 에브라임과 싸워서 결국 에브라임 사람 사만 이천 명이 죽게 됩니다.

행 16 바울은 성령이 아시아에서 말씀을 전하지 못하게 하자 그 **권위**에 복종하여 마게도냐 지방으로 갑니다. 성령이 바울에게 전도여행 길을 바꾸게 한 이유는 마게도냐 지방의 한 도시인 빌립보에서 자색 옷감 장사 루디아를 전도하고 그 집에 세례를 주기 위함이었습니다. 옥에 갇힌 바울은 간수에게도 주 예수를 믿고 구원받으라고 전도합니다.

렘 25 예레미야는 유다 백성들에게 각자의 악행을 버리고 돌아오라고 꾸준히 경고했으나 그들은 하나님의 **권위**에 순종하지 않고 우상을 섬겼습니다. 그리하여 다른 신을 섬긴 결과 결국 칠십 년 동안 바벨론의 포로가 되는 운명에 처했습니다.

막 11 예수님은 베다니에 도착해서 예루살렘 입성을 준비하기 위해 제자들에게 나귀를 가져오게 했습니다. 나귀 주인은 주가 쓰신다는 **권위**에 순종하여 나귀를 예수님께 바쳤습니다. 예수님께서 입성하시자 사람들은 구약에 예언된 예수님의 **권위**를 떠올리며 겉옷과 나뭇가지를 길에 폅니다. 호산나 주의 이름으로 오시는 이여 하며 예수님을 찬양합니다.

말씀암송

행 16:31 이르되 주 ☐☐를 믿으라 그리하면 ☐와 네 ☐이 ☐☐을 받으리라 하고

말씀묵상

에브라임 사람들은 입다에게 도전해 사만 이천 명이 죽었고, 유다 사람들은 하나님의 권위에 도전하여 바벨론 포로가 되었습니다. 성령님의 인도하심에 따라 행선지를 바꾼 바울 같은 믿음, 예수님의 예언대로 나귀를 내 준 이름 없는 나귀 주인의 순종을 배우기를 다짐합니다.

말씀적용 오늘의 감사

말씀적용

오늘의 감감감

그래서 감사

그래도 감사

무조건 감사

말씀기도

❶ 말씀의 권위에 도전하지 않고 성령님이 주시는 마음을 따라 살게 하소서.

❷ 내 생각이나 감정에 이끌려 사는 삶이 아니라 하나님의 권위에 순복하는 삶이 되게 하소서.

❸ 주가 내 인생을 쓰시겠다 하면 기꺼이 순종하는 믿음의 사람이 되게 하소서.

말씀배경 지식

우리가 곧 마게도냐로 떠나기를 힘쓰니 (행 16:10)

여기에서 처음으로 3인칭에서 1인칭 복수로 바뀌는 사도행전의 그 유명한 '우리'로 시작되는 문맥이 나타난다. 이것에 대해서는 사도행전을 기록한 기자(누가)가 이때에 바울과 만났으며, 그 후에 바울의 선교 여행의 동반자가 되었다고 설명하는 것이 가장 용이하다. 누가는 드로아에서 바울과 만나 바울과 함께 빌립보로 선교 여행을 떠났다.

7월 30일 말씀대로 사는 삶

210 일차 / 365

사사기 13장 | 사도행전 17장 | 예레미야 26장 | 마가복음 12장

사사기 13장 | 주의 사자의 말씀대로 삼손을 나실인으로 키우려는 마노아

13:2 소라 땅에 단 지파의 가족 중에 마노아라 이름하는 자가 있더라 그의 아내가 임신하지 못하므로 출산하지 못하더니

13:4 그러므로 너는 삼가 포도주와 독주를 마시지 말며 어떤 부정한 것도 먹지 말지니라

13:5 보라 네가 임신하여 아들을 낳으리니 그의 머리 위에 삭도를 대지 말라 이 아이는 태에서 나옴으로부터 하나님께 바쳐진 나실인이 됨이라 그가 블레셋 사람의 손에서 이스라엘을 구원하기 시작하리라 하시니

13:14 포도나무의 소산을 먹지 말며 포도주와 독주를 마시지 말며 어떤 부정한 것도 먹지 말고 내가 그에게 명령한 것은 다 지킬 것이니라 하니라

13:24 그 여인이 아들을 낳으매 그의 이름을 삼손이라 하니라 그 아이가 자라매 여호와께서 그에게 복을 주시더니

사도행전 17장 | 말씀대로 살아가는 믿음의 사도 바울

17:1 그들이 암비볼리와 아볼로니아로 다녀가 데살로니가에 이르니 거기 유대인의 회당이 있는지라

17:2 바울이 자기의 관례대로 그들에게로 들어가서 세 안식일에 성경을 가지고 강론하며

17:3 뜻을 풀어 그리스도가 해를 받고 죽은 자 가운데서 다시 살아나야 할 것을 증언하고 이르되 내가 너희에게 전하는 이 예수가 곧 그리스도라 하니

17:11 베뢰아에 있는 사람들은 데살로니가에 있는 사람들보다 더 너그러워서 간절한 마음으로 말씀을 받고 이것이 그러한가 하여 날마다 성경을 상고하므로

17:16 바울이 아덴에서 그들을 기다리다가 그 성에 우상이 가득한 것을 보고 마음에 격분하여

17:24 우주와 그 가운데 있는 만물을 지으신 하나님께서는 천지의 주재시니 손으로 지은 전에 계시지 아니하시고

오늘의 찬양 | 찬송가 202장 (하나님 아버지 주신 책은)

하나님 아버지 주신 책은 귀하고 중하신 말씀일세 기쁘고 반가운 말씀 중에
날 사랑한단 말 참 좋도다 주께서 나를 사랑하니 즐겁고도 즐겁도다
주께서 나를 사랑하니 나는 참 기쁘다

예레미야 26장 | 말씀대로 선포하는 예레미야

26:1 유다의 왕 요시야의 아들 여호야김이 다스리기 시작한 때에 여호와께로부터 이 말씀이 임하여 이르시되

26:5 내가 너희에게 나의 종 선지자들을 꾸준히 보내 그들의 말을 순종하라고 하였으나 너희는 순종하지 아니하였느니라

26:6 내가 이 성전을 실로 같이 되게 하고 이 성을 세계 모든 민족의 저줏거리가 되게 하리라 하셨느니라 (*실로 - 엘리 제사장 때 법궤를 빼긴 장소)

26:8 예레미야가 여호와께서 명령하신 말씀을 모든 백성에게 전하기를 마치매 제사장들과 선지자들과 모든 백성이 그를 붙잡고 이르되 네가 반드시 죽어야 하리라

26:12 예레미야가 모든 고관과 백성에게 말하여 이르되 여호와께서 나를 보내사 너희가 들은 바 모든 말로 이 성전과 이 성을 향하여 예언하게 하셨느니라

26:13 그런즉 너희는 너희 길과 행위를 고치고 너희 하나님 여호와의 목소리를 청종하라 그리하면 여호와께서 너희에게 선언하신 재앙에 대하여 뜻을 돌이키시리라

마가복음 12장 | 말씀대로 진리를 가르치시는 예수님

12:13 그들이 예수의 말씀을 책잡으려 하여 바리새인과 헤롯당 중에서 사람을 보내매

12:24 예수께서 이르시되 너희가 성경도 하나님의 능력도 알지 못하므로 오해함이 아니냐

12:26 죽은 자가 살아난다는 것을 말할진대 너희가 모세의 책 중 가시나무 떨기에 관한 글에 하나님께서 모세에게 이르시되 나는 아브라함의 하나님이요 이삭의 하나님이요 야곱의 하나님이로라 하신 말씀을 읽어보지 못하였느냐

12:30 네 마음을 다하고 목숨을 다하고 뜻을 다하고 힘을 다하여 주 너의 하나님을 사랑하라 하신 것이요

12:31 둘째는 이것이니 네 이웃을 네 자신과 같이 사랑하라 하신 것이라 이보다 더 큰 계명이 없느니라

말씀연결 중심내용

삿 13 마노아에게 나타난 여호와의 사자는 아들을 낳아 삭도를 대지 않고 나실인으로 살아가게 하라고 말합니다. 포도주와 독주를 마시지 말며 부정한 것도 먹지 말도록 지시한 **말씀대로 되기를** 마노아는 원했습니다. 아내가 아들을 낳으매 삼손이라 이름하였고 여호와께서 삼손에게 복을 주셨습니다.

행 17 바울은 성령에 이끌려 데살로니가와 베뢰아와 아덴으로 다니며 복음을 전파합니다. 데살로니가에서 성경을 가르치며 예수가 그리스도임을 알립니다. 베뢰아 사람들은 더 간절한 마음으로 말씀을 받고 성경을 상고합니다. 아덴에서 우상이 가득함을 보고 격분한 바울은 부활하신 예수님을 증거하매 믿는 사람들이 생겨납니다. 바울은 어디를 가나 **말씀대로 살아간** 믿음의 사람이었습니다.

렘 26 예레미야는 유다왕 여호야김 앞에서 하나님이 주신 말씀대로 성전과 성에 대한 예언을 합니다. "너희가 나를 순종하지 않고 율법을 행하지 아니하였으니 이 성전을 실로같이 되게 하며 이 성을 모든 민족의 저줏거리가 되게 하시리라 그러나 여호와의 목소리를 청종하면 재앙에 대해 뜻을 돌이키시리라." 예레미야는 목숨의 위협 속에서도 **말씀대로 사는 믿음의 삶**을 보여주었습니다.

막 12 예수님은 포도원 농부 비유를 통해 자신을 죽이려고 하는 대제사장과 바리새인들의 마음을 정확하게 설명하셨습니다. 부활을 부정하는 사두개인들에게는 하나님은 죽은 자의 하나님이 아니요 산 자의 하나님이라고 가르치십니다. 예수님은 서기관의 지혜로운 대답과 과부의 두 렙돈 헌금을 기뻐하십니다. **말씀이 육신이 되어 오신** 예수님은 하나님을 사랑하고 이웃을 사랑함이 가장 큰 계명임을 가르치셨습니다.

말씀묵상

아들 삼손을 말씀대로 나실인으로 키울 것을 작정하는 마노아, 가는 곳마다 말씀과 복음을 전하는 바울, 생명의 위협 앞에서도 오직 예언의 말씀대로 선포하는 예레미야, 성경 구절을 인용하며 가르치시는 예수님, 믿음의 선조들의 삶과 예수님의 가르치심을 보면서 내 의지, 내 생각대로 살지 않고 오직 말씀에 의지하여 살기를 다시 한번 다짐합니다.

말씀적용 오늘의 감사

말씀적용

오늘의 감감감

그래서 감사

그래도 감사

무조건 감사

말씀암송

막 12:30 네 □□을 다하고 □□을 다하고 □을 다하고 □을 다하여 주 너의 하나님을 □□하라 하신 것이요

막 12:31 둘째는 이것이니 네 □□을 네 □□과 같이 □□하라 하신 것이라 이보다 더 큰 □□이 없느니라

말씀기도

❶ 포도주와 부정한 것을 멀리하는 나실인처럼 주님께서 쓰시기에 합당한 깨끗한 그릇이 되게 하소서.

❷ 협박과 위협에도 타협하지 않는 바울 같은 굳건한 믿음을 갖게 하소서.

❸ 하나님 사랑 이웃 사랑으로 오늘도 살아가게 하소서.

말씀배경 지식

어찌하여 내 이름을 묻느냐 내 이름은 기묘자라 하니라 (삿 13:18)

기묘자(奇妙者)란 영어 성경에 "그것을 보기에 비밀스럽다"(seeing it is secret) 혹은 "놀라운(wonderful)"으로 되어 있다. NIV에 의하면 "그것은 이해할 수 없는 것이라"이다. 여호와의 사자는, 그의 이름은 인간이 듣거나 이해할 수 없어서 말로 표현할 수 없다고 밝혔다

7월 31일

211 일차 / 365

여호와의 영이 함께 하심

사사기 14장 | 사도행전 18장 | 예레미야 27장 | 마가복음 13장

사사기 14장 | 여호와의 영으로 사자를 죽이는 삼손

14:4 그 때에 블레셋 사람이 이스라엘을 다스린 까닭에 삼손이 틈을 타서 블레셋 사람을 치려 함이었으나 그의 부모는 이 일이 여호와께로부터 나온 것인 줄은 알지 못하였더라

14:5 삼손이 그의 부모와 함께 딤나에 내려가 딤나의 포도원에 이른즉 젊은 사자가 그를 보고 소리 지르는지라

14:6 여호와의 영이 삼손에게 강하게 임하니 그가 손에 아무것도 없이 그 사자를 염소 새끼를 찢는 것 같이 찢었으나 그는 자기가 행한 일을 부모에게 알리지 아니하였더라

14:19 여호와의 영이 삼손에게 갑자기 임하시매 삼손이 아스글론에 내려가서 그 곳 사람 삼십 명을 쳐죽이고 노략하여 수수께끼 푼 자들에게 옷을 주고 심히 노하여 그의 아버지의 집으로 올라갔고

사도행전 18장 | 성령에 붙잡혀 복음을 전하는 사도 바울

18:4 안식일마다 바울이 회당에서 강론하고 유대인과 헬라인을 권면하니라

18:5 실라와 디모데가 마게도냐로부터 내려오매 바울이 하나님의 말씀에 붙잡혀 유대인들에게 예수는 그리스도라 밝히 증언하니

18:8 또 회당장 그리스보가 온 집안과 더불어 주를 믿으며 수많은 고린도 사람도 듣고 믿어 세례를 받더라

18:22 가이사랴에 상륙하여 올라가 교회의 안부를 물은 후에 안디옥으로 내려가서

18:23 얼마 있다가 떠나 갈라디아와 브루기아 땅을 차례로 다니며 모든 제자를 굳건하게 하니라

18:28 이는 성경으로써 예수는 그리스도라고 증언하여 공중 앞에서 힘있게 유대인의 말을 이김이러라

오늘의 찬양 | 찬송가 325장 (예수가 함께 계시니)

예수가 함께 계시니 시험이 오나 겁 없네 기쁨의 근원 되시는 예수를 위해 삽시다
날마다 주를 섬기며 언제나 주를 기리고 그 사랑 안에 살면서 딴 길로 가지 맙시다

예레미야 27장 | 여호와의 영으로 진리를 선포하는 예레미야

27:8 여호와의 말씀이니라 바벨론의 왕 느부갓네살을 섬기지 아니하며
그 목으로 바벨론의 왕의 멍에를 메지 아니하는 백성과 나라는 내가 그
들이 멸망하기까지 칼과 기근과 전염병으로 그 민족을 벌하리라

27:12 내가 이 모든 말씀대로 유다의 왕 시드기야에게 전하여 이르되
왕과 백성은 바벨론 왕의 멍에를 목에 메고 그와 그의 백성을 섬기소서
그리하면 사시리라

27:13 어찌하여 당신과 당신의 백성이 여호와께서 바벨론의 왕을 섬기
지 아니하는 나라에 대하여 하신 말씀과 같이 칼과 기근과 전염병에 죽
으려 하나이까

27:14 그러므로 당신들은 바벨론의 왕을 섬기게 되지 아니하리라 하는
선지자의 말을 듣지 마소서 그들은 거짓을 예언함이니이다

27:15 이는 여호와의 말씀이니라 내가 그들을 보내지 아니하였거늘 그
들이 내 이름으로 거짓을 예언하니 내가 너희를 몰아내리니 너희와 너
희에게 예언하는 선지자들이 멸망하리라

마가복음 13장 | 성령이 함께 하심을 알려주시는 예수님

13:8 민족이 민족을, 나라가 나라를 대적하여 일어나겠고 곳곳에 지진이
있으며 기근이 있으리니 이는 재난의 시작이니라

13:10 또 복음이 먼저 만국에 전파되어야 할 것이니라

13:11 사람들이 너희를 끌어다가 넘겨 줄 때에 무슨 말을 할까 미리 염려
하지 말고 무엇이든지 그 때에 너희에게 주시는 그 말을 하라 말하는 이는
너희가 아니요 성령이시니라

13:22 거짓 그리스도들과 거짓 선지자들이 일어나서 이적과 기사를 행하
여 할 수만 있으면 택하신 자들을 미혹하려 하리라

13:26 그 때에 인자가 구름을 타고 큰 권능과 영광으로 오는 것을 사람들
이 보리라

13:33 주의하라 깨어 있으라 그 때가 언제인지 알지 못함이라

말씀연결 중심내용

삿 14 블레셋이 이스라엘을 다스리던 때에, 삼손이 딤나에서 블레셋 여인을 맞이함은 틈을 타서 블레셋 사람을 치려 하신 여호와로부터 나온 계획이었습니다. 삼손은 사자가 달려들 때 **여호와의 영이 함께하사** 사자를 찢어 죽였고, 아스글론에 내려갔을 때 **여호와의 영이 임하시매** 삼십 명을 죽이는 힘을 발휘합니다.

행 18 바울은 고린도에서 **하나님의 말씀에 붙잡혀** 복음을 전하나 대적하는 자도 있고 믿고 세례를 받는 사람들도 있습니다. 바울은 에베소에서 안디옥으로 내려가 2차 전도여행을 끝냅니다. 그러나 **성령의 함께 하심** 가운데 곧바로 3차 여행을 떠납니다. 바울에게서 배운 브리스길라와 아굴라는 성경으로써 예수를 그리스도라 증언합니다.

렘 27 거짓 선지자들이 나와서 유다왕 여호야김에게 바벨론 왕을 섬기지 않아도 된다고 거짓 예언을 합니다. 예레미야는 **여호와의 영이 함께 하사** 거짓 선지자들의 멸망을 선포하고 바벨론 포로로 끌려가게 됨을 예언합니다. 예레미야는 왕의 귀에 듣기 좋은 말이 아니라 **여호와의 영에 의거한** 진리의 말을 선포하는 참된 선지자입니다.

막 13 예수님은 성전의 무너짐과 거짓 그리스도와 거짓 선지자들을 통해 미혹이 일어날 것을 말씀하시며 그 때가 언제 올지 모르니 깨어 있으라고 가르치십니다. 그리고 제자들에게 '복음을 전할 때 두려워하지 말고 **성령이 함께 하사** 주시는 말씀대로 말하라'고 용기를 주십니다. **하나님의 영이 함께 있으면** 두려울 것이 없습니다.

말씀묵상

삼손에게 여호와의 영이 함께 했을 때 능력이 임했고, 사도 바울은 성령에 이끌리어 전도여행 사역을 이루어 나갑니다. 예레미야에게 임한 여호와의 영은 사람을 보지 않고 담대하게 예언을 선포하게 합니다. 예수님은 제자들에게 깨어 있으라 강조하시고 두려움을 없게 하십니다.

새롭게 시작한 7월도 마지막 날이 되었습니다. 7월을 돌아보며 온전히 성령님과 함께 했는지 반성해 봅니다. 7월에 나와 함께 하신 성령님께 감사드리며 8월도 성령님께 사로잡혀 살아가기를 다짐해 봅니다.

말씀적용 오늘의 감사

말씀적용

오늘의 감감감

그래서 감사

그래도 감사

무조건 감사

말씀암송

행 18:28 이는 [ ][ ]으로써 [ ][ ]는 [ ][ ] [ ][ ]라고 증언하여 [ ][ ] 앞에서 힘있게 [ ][ ] [ ]의 말을 [ ][ ]이러라

말씀기도

❶ 낙심하고 두려울 때 항상 말씀을 통해 힘주시는 주님께 영광과 감사를 올려 드립니다.
❷ 거짓된 말이나 생각에 미혹되지 말고 성령으로 분별하게 하소서.
❸ 주님이 재림하심을 늘 기억하며 깨어 있는 제자로 성령 충만하게 살아가게 하소서.

말씀배경 지식

회당장 그리스보 (행 18:8)

회당장이 그 가족과 함께 개종한 것은 유대인들에게 큰 충격을 주었음에 틀림없는데, 이는 바울의 선교를 크게 촉진시켜 주었다. 그리스보의 세례는 고전 1:14에 언급된다.
'나는 그리스보와 가이오 외에는 너희 중 아무에게도 내가 세례를 베풀지 아니한 것을 감사하노니'(고전 1:14)

MQ
맥체인큐티(12-07)

2020년 7월 1일 초판 1쇄 발행
편집위원 유동효 임건혁 정현기
발 행 처 선교횃불
디 자 인 디자인이츠
등 록 일 1999년 9월 21일 제54호
등록주소 서울시 송파구 백제고분로 27길 12(삼전동)
전 화 (02) 2203-2739
팩 스 (02) 2203-2738
이 메 일 ccm2you@gmail.com
홈페이지 www.ccm2u.com

■ 파본은 교환해 드립니다.
■ 이 출판물은 저작권법에 의해 보호를 받는 저작물이므로 무단전재와 무단복제를 금합니다.
"본서에 사용한 「성경전서 개역개정판」의 저작권은 재단법인 대한성서공회 소유이며
재단법인 대한성서공회의 허락을 받고 사용하였음."